SAMMLUNG TUSCULUM

Herausgegeben von

Karl Bayer, Max Faltner, Manfred Fuhrmann, Gerhard Jäger

XENOPHANES

DIE FRAGMENTE

herausgegeben, übersetzt und erläutert
von
Ernst Heitsch

ARTEMIS VERLAG
München und Zürich

CIP-Kurztitelaufnahme der Deutschen Bibliothek
Xenophanes:
Die Fragmente / Xenophanes.
Hrsg., übers. u. erl. von Ernst Heitsch.
München ; Zürich : Artemis-Verlag, 1983.
(Sammlung Tusculum)
ISBN 3-7608-1647-9

NE: Heitsch, Ernst [Hrsg.]; Xenophanes: [Sammlung]

© 1983 Artemis Verlag Zürich und München
Verlagsort München
Satz: Monofilm Willisch, Sandbach/Passau
Druck: Laupp & Göbel, Tübingen
Bindung: Lachenmaier, Reutlingen
Printed in Germany

INHALT

EINFÜHRUNG

Unter den frühen griechischen Denkern, die als Vorsokratiker bezeichnet zu werden pflegen, ist der Dichter, Philosoph und Theologe Xenophanes der erste, von dessen schriftlichem Werk vergleichsweise viel originaler Wortlaut erhalten ist. In seinem Leben hat er viel gesehen und erlebt, hatte einen kritischen Kopf, Mut zu spekulativer Verallgemeinerung und die Neigung, moderne Tendenzen in sich aufzunehmen; und da er zudem die Fähigkeit besaß, seine Gedanken auch auszudrücken, bietet sich hier die Möglichkeit, zu beobachten, wie in der kritischen Modifikation des Überlieferten und Geltenden jene Faktoren sich herauszubilden beginnen, die wissenschaftliches Denken bestimmen.

Geboren im dritten Jahrzehnt des sechsten Jahrhunderts hat Xenophanes seine Vaterstadt Kolophon unter dem Druck politischer Veränderungen im Alter von etwa 25 Jahren verlassen und ist, wie damals nicht wenige Bewohner der kleinasiatischen Griechenstädte und unter ihnen auch Pythagoras von Samos und die Familie des Parmenides, in den Westen gegangen. Ob er dort in einer der Städte, die genannt werden – Messina, Katana, Syrakus, Elea – eine neue Heimat gefunden hat, bleibt ungewiß. Er selbst spricht einmal davon, schon 67 Jahre ruhelos durch griechische Lande zu ziehen (F 8). Noch mit Hieron von Syrakus, der 478 an die Regierung kam, soll er zusammengetroffen sein und ein Alter von über 100 Jahren erreicht haben.

Über seine Familie ist nichts bekannt, nicht einmal der Name des Vaters ist eindeutig überliefert. Daß er, wie berichtet wird, noch Anaximander von Milet (etwa 610–540) gekannt hat, ist möglich; jedenfalls zeigen auch noch die Reste seiner Dichtungen, daß er von der jonischen Naturphilosophie nicht unbeeindruckt geblieben war. Seine Gedichte scheint er selbst vorgetragen zu haben; daß er sich

7

mit ihnen seinen Lebensunterhalt verdiente, bleibt Vermutung. Doch beansprucht er für sich und seine Leistung öffentliche Anerkennung in ungewöhnlichem Maße (F 2).

Der Umfang seiner dichterischen Produktion muß beträchtlich gewesen sein; und auffällig ist die Vielfalt von Form und Thematik. Nach Diogenes L. 9,18 hat Xenophanes das epische, elegische und jambische Versmaß verwendet. In der Tat begegnen in den Fragmenten der Hexameter, Hexameter + Pentameter, jambische Trimeter + Hexameter (F14) und der trochäische Tetrameter oder jambische Trimeter (A14). Neben Elegien werden folgende Titel, die teils inhaltlichen, teils formalen Charakters sind, genannt: In epischer Form eine ›Gründung Kolophons‹ und eine ›Kolonisation Eleas‹, von denen, falls es sie wirklich gegeben hat (was kontrovers ist), sich nichts erhalten hat (s. S. 111 zu F 3); Sillen, also Spottgedichte, in fünf Büchern (F 17 und 42)[1]; Parodien (F 22), die vermutlich identisch sind mit den Sillen (vgl. Diog. L. 9,111); schließlich ›Über die Natur‹ (Περὶ φύσεως F 27 und 30).[2] Die Titel stammen durchweg aus späterer Zeit, als die Gedichte des Xenophanes gesammelt und geordnet wurden. Der moderne Versuch, die Fragmente unter diese Titel zu verteilen, ist kaum mehr als Spielerei.

Besonders kontrovers ist ›Über die Natur‹. Auch dieser Titel stammt sicher nicht vom Verfasser; doch ist damit über die Existenz eines Werkes, das Spätere sinnvoll mit dieser Signatur versehen konnten, nicht entschieden. Die Überlieferung täuscht. Da nur spärliche Fragmente naturphilosophischen Inhalts erhalten und diese zudem nicht

---

1 Ferner Strabon XIV 1,28 p. 643 (VS 21 A 20); Plutarch fr. 40 Sandbach (A 22); Schol.Hom. B 212 b (A 23); Tzetz.ad Dionys. Perieg. 940 (B 41); Pap.Ox. 1087 (Schol.Hom. II p. 224 Erbse); H. Hunger, Jb. der öst. byz. Gesellsch. 16, 1967,5.

2 Ferner Pollux VI 46 (VS 21 B 39).

leicht verständlich sind, kann der Eindruck entstehen, Xenophanes habe solche Themen nicht sonderlich wichtig genommen. Das Gegenteil ist, wie ich glaube, der Fall. Es dürfte ihm hier nicht anders ergangen sein als seinen Vorgängern und Nachfolgern. So können wir bei Parmenides nur dank einem glücklichen Umstand beurteilen, daß uns infolge des einseitigen Interesses der Späteren vom ersten, dem ontologischen Teil seines Werkes nur wenig fehlt, von dem um ein Vielfaches umfangreicheren kosmologischen Teil aber nur Bruchstücke erhalten sind. Ähnlich erging es Xenophanes. Was er an physikalischer und kosmologischer Erklärung bot, war alsbald überholt und wurde durch neue Lehren ersetzt. Daß naturwissenschaftliche Lehrbücher das Interesse allenfalls einer Generation finden, ist eine bekannte Erscheinung, in der sich nur der Fortschritt spiegelt. Und was nicht mehr gelesen wird, dessen Verschwinden ist in einer Zeit ohne Buchdruck vorgezeichnet. Doch das Wenige, was an Kosmologie und etwa auch Erkenntniskritik erhalten ist, zeugt von so differenzierten und grundsätzlichen Überlegungen, daß diese Bruchstücke m.E. nur verständlich werden, wenn man in ihnen die Reste einer umfassenden Darstellung sieht. Äußere Gründe kommen hinzu; wie Deichgräber sagt: »Nur das Vorhandensein eines Lehrgedichtes erklärt es, daß Hermippos das Gedicht des Empedokles auf das Vorbild des Xenophanes zurückführte (VS 21 A 5) und daß Xenophanes in einer Reihe mit Hesiod, Parmenides und Empedokles genannt wird (VS 11 B 1; 21 A 18)«.

Erhalten sind von alledem insgesamt 121 Verse in 34 Fragmenten; hinzu kommen einzelne Wörter, die ohne Zusammenhang bezeugt werden, und doxographische Berichte. Vorliegende Ausgabe enthält nur die erwähnten 34 Fragmente.[3]

---

3 Übernommen habe ich dabei die von H. Diels in VS und Poetarum Philosophorum Fragmenta eingeführte Zählung. Sie hat sich gegenüber allen anderen durchgesetzt; nach ihr wird vernünftigerweise fast durchweg zitiert. Für die Tusculum-Reihe schien es

Unkonventionell ist Xenophanes überall und das auch dort, wo er konventionelle Aufgaben übernimmt. Er schreibt eine Elegie für das Symposion, und aus der traditionellen Bitte an die Götter um Unterhalt, Erfolg und Auszeichnung wird unversehens die Bitte um die Fähigkeit, nur das zu tun, was andere nicht beeinträchtigt (F 1,15–17). Er spricht von den Spielen in Olympia, den dort konkurrierenden Disziplinen und den reichen Ehrungen, die den Sieger erwarten (F.2), und nach zehn Versen sieht sich der überraschte Leser angesichts weniger lapidarer Worte vor der Tatsache, daß alles, was er bis hierher gelesen, nicht die bestehende Wertschätzung bestätigen sollte, sondern in Wahrheit nur gesagt ist, um verworfen zu werden. Xenophanes kennt offenbar die Lehre des Pythagoras, und die Geschichte, die er erfindet, um sie lächerlich zu machen, trägt er in der unbeteiligten Rolle dessen vor, der nur weitergibt, was andere berichtet haben (F 7). Er sucht die machtpolitischen Ereignisse, die sein und seiner Mitbürger Leben entscheidend bestimmen, als Folge moralischer und innenpolitischer Zustände zu begreifen, und noch in der Rückschau ist sein Ton nicht ohne Bitterkeit (F 3); aber er scheint doch auch belustigt

---

allerdings angebracht, von den wörtlichen Fragmenten (F) vollständig nur die zu berücksichtigen, die jedenfalls den Umfang eines Verses haben, also eine Aussage enthalten. Da jedoch Diels, wie übrigens auch jene Herausgeber, die anders ordnen, unter seine wörtlichen Fragmente mehrmals einzelne Wörter und leider auch mehrere Berichte aufgenommen hatte, hat der Anschluß an seine Zählung die Folge, daß hier die Fragmente 4, 13, 19–21, 39–41 fehlen; ferner von den zweifelhaften 43 und 44; für 45 s. S. 122 f.; hinzugekommen ist ein Vers, den Diels zu den Testimonien gerechnet hatte, A 14. Der Schönheitsfehler, den eine unterbrochene Zählung darstellt, wäre nur vermeidbar gewesen durch Einführung einer eigenen Zählung, also auf Kosten der Benutzbarkeit. In einigen Fällen war es sachlich geboten, auch den Text von Testimonien zu geben, da nur so die Aussicht besteht, die kurzen wörtlichen Äußerungen wirklich zu verstehen.

auf die menschliche Neigung zu blicken, in der Erinnerung auch die eigenen Leiden noch zu genießen (F 22). Traditionelle Wertschätzungen fragt er nach ihrer Berechtigung und nennt als einziges Kriterium das der Nützlichkeit (F 1,23; 2,19–22). Er appelliert an die Vernunft und findet für die Diskrepanz zwischen Leistung und Anspruch drastische Beispiele aus dem gesellschaftlichen Leben (F 5; 6). Er sieht die Unvereinbarkeit traditioneller Rechtsformen mit den Anschauungen moderner Zeiten (A 14). Weder die geistigen Autoritäten noch religiöse Vorstellungen sind der Kritik entzogen (F 10; 11; 17). Aus dem Lebensgefühl eines stürmisch voranschreitenden Zeitalters heraus formuliert er als erster die Idee eines Fortschritts, der in der menschlichen Tatkraft gründet (F 18); doch gegenüber den Möglichkeiten menschlicher Erkenntnis bewahrt er einen grundsätzlichen Vorbehalt (F 34). Meinungen können kritisiert (F 11; 12; 14) und gegebenenfalls durch besser begründete ersetzt werden (F 27–33); aber das Unbekannte und Wissenswerte wird dadurch nicht zum Bekannten, Meinungen bleiben Meinungen und sind allenfalls plausibel (F 34,4; 35). Aus der sprachlichen Form des irrealen Bedingungssatzes wird das gedankliche Experiment, das neue Möglichkeiten der Argumentation eröffnet (F 15 und 38). Nach Xenophanes gibt es unter den Göttern den einen Gott, der allein mit seiner Einsicht alles erschüttert (F 23; 25); aber der Mensch kann und soll sich kein Bild von ihm machen, soll über Unvorstellbares nicht reden, als sei es vorstellbar (F 23,2; 24; 26); denn alle Bilder spiegeln lediglich die Vorstellungen ihrer Autoren, sind relativ und dem Wesen Gottes unangemessen (F 15; 16; 26). Bedingt durch die Umwelt und daher nicht absolut gültig sind aber auch, wie Xenophanes sieht, die Bewertungen des sinnlich Wahrgenommenen (F 38). Überlieferte Vorstellungen werden durch eigene Beobachtungen verändert und rationalisiert in der Absicht, für die unterschiedlichen astronomischen und meteorologischen Erscheinungen eine einheitliche Erklärung zu finden (F 30–32). Beobachtungen, wenn richtig gedeutet, werden ihm zu Indizien für langfristige Veränderungen einer Welt, die zwischen den extremen Zuständen des Trockenen und Feuchten hin und her strebt (F 27; 29; 33; 37). Ein solcher Prozeß wird, wie Xenophanes weiß, nicht unmittelbar wahrgenommen, sondern nur erschlossen; doch die Hypothese kann angesichts der Argumente, die für sie geltend zu machen sind, wie vieles andere auch, das nur vermutet wird, als akzeptabel gelten (F 34–36), und sie erlaubt es, in dem konstanten Wandel, dem alles unterliegt, die Einheit zu sehen, die die Vielfalt der Erscheinungen zusammenhält und insofern begreiflich macht.

Immer glaubt man einen Mann zu hören, der sich nichts vormachen läßt, aber in seiner Umwelt sich vernünftig orientieren will und für kosmologische, physikalische und historische Erscheinungen Erklärungen sucht; der die menschlichen Möglichkeiten nicht überschätzt, doch seine Beobachtungen macht, Schlüsse zieht und das einmal als richtig Erkannte konsequent verfolgt und auch dann noch vertritt, wenn er zu geltenden Anschauungen in Widerspruch gerät.

Xenophanes – das lassen auch die spärlichen Reste noch erkennen – ist ein Mann zwischen den Zeiten. Und wie so oft vor den Trümmern der altgriechischen Literatur so bedauern wir auch hier, wie wenige Zeugnisse letzten Endes aus diesen geistig so lebendigen Jahrzehnten erhalten geblieben sind.

TEXT UND ÜBERSETZUNG

I

νῦν γὰρ δὴ ζάπεθον καθαρὸν καὶ χεῖρες ἁπάντων

καὶ κύλικες· πλεκτοὺς δ᾽ ἀμφιτιθεῖ στεφάνους,

ἄλλος δ᾽ εὐῶδες μύρον ἐν φιάλῃ παρατείνει·

κρητὴρ δ᾽ ἔστηκεν μεστὸς ἐυφροσύνης·

ἄλλος δ᾽ οἶνος ἑτοῖμος, ὃς οὔποτέ φησι προδώσειν,   5

μείλιχος ἐν κεράμοισ᾽ ἄνθεος ὀζόμενος·

ἐν δὲ μέσοισ᾽ ἀγνὴν ὀδμὴν λιβανωτὸς ἵησιν·

ψυχρὸν δ᾽ ἐστὶν ὕδωρ καὶ γλυκὺ καὶ καθαρόν·

παρκέαται δ᾽ ἄρτοι ξανθοὶ γεραρή τε τράπεζα

τυροῦ καὶ μέλιτος πίονος ἀχθομένη·   10

βωμὸς δ᾽ ἄνθεσιν ἂν τὸ μέσον πάντη πεπύκασται,

μολπὴ δ᾽ ἀμφὶς ἔχει δώματα καὶ θαλίη.

1–24 Athen. 462c (cod. A s. X)   4–22 epitome Athen. (codd. C et E s. XV–XVI)   4–7 Eust. in Hom. Od. 1633

2 Dindorf:ἀμφιτιθεὶς A   4 Hermann: κρατὴρ codd.   5 Eust.: ἄλλος δ᾽ οἶνός ἐστιν ἕτοιμος codd.   6 Hermann: ὀσδόμενος codd. 9 Wackernagel: πάρκεινται codd.

Denn jetzt sind rein der Boden und die Hände aller

und die Becher; geflochtene Kränze legt einer (uns) um,

ein anderer reicht in einer Schale wohlduftendes Salböl;

ein Mischkrug steht da, voll von Frohsinn,

und anderer Wein ist bereit, der niemals auszugehen verheißt,

mild, in irdenen Gefäßen, blumenduftend;

in der Mitte verstreut Weihrauch heiligen Duft;

kühl ist das Wasser, süß und klar;

bereit liegen goldgelbe Brote, und der festliche Tisch

ist mit Käse und dickem Honig beladen;

der Altar in der Mitte ist völlig mit Blumen bedeckt,

Gesang erfüllt den Saal und festliche Freude.

---

1 νῦν γὰρ δὴ Κ 173
2 cf. Hes. Th. 576–78
5 οὔ τινά φησιν ∪–∪ Ι 305, οὔ πώ φησι ∪–∪ ψ 116, οὐκέτι φασὶ ∪–∪ α 189, λ 176
6 – – ἐν κεράμῳ Ε 387 (Ι 469)
7 ἐν δὲ μέσοισι Λ 35, Τ 364, Ψ 134
8 κατὰ δὲ ψυχρὸν ῥέεν ὕδωρ ρ 209
9 παρέκειτο τράπεζα Ω 476, πὰρ δ' ἐτίθει κάνεον καλήν τε τράπεζαν ϑ 69
10 ἐν δέ σφιν τυρόν τε καὶ ἄλφιτα καὶ μέλι χλωρόν κ 234, τυρῷ καὶ μέλιτι γλυκερῷ καὶ ἡδέϊ οἴνῳ υ 69
11 ἂν τὸ μέσον Theogn. 839
12 ἀμφὶς ἔχουσι α 54 (γ 486, ϑ 340, ο 184), cf. Β 13.30

χρὴ δὲ πρῶτον μὲν θεὸν ὑμνεῖν εὔφρονας ἄνδρας

εὐφήμοις μύθοις καὶ καθαροῖσι λόγοις,

σπείσαντάς τε καὶ εὐξαμένους τὰ δίκαια δύνασθαι   15

πρήσσειν· ταῦτα γὰρ ὦν ἐστι προχειρότερον,

οὐχ ὕβρις· πίνειν δ᾽ ὁπόσον κεν ἔχων ἀφίκοιο

οἴκαδ᾽ ἄνευ προπόλου μὴ πάνυ γηραλέος.

ἀνδρῶν δ᾽ αἰνεῖν τοῦτον ὃς ἐσθλὰ πιὼν ἀναφαίνει,

ὡς †ᾗ μνημοσύνη καὶ τὸν ὃς† ἀμφ᾽ ἀρετῆς,   20

οὔ τι μάχας διέπων Τιτήνων οὐδὲ Γιγάντων

οὐδὲ‹ ›Κενταύρων, πλάσμα‹τα› τῶν προτέρων,

ἢ στάσιας σφεδανάς· τοῖς οὐδὲν χρηστὸν ἔνεστιν.

θεῶν ‹δὲ› προμηθείην αἰὲν ἔχειν ἀγαθήν.

13 δὴ Bergk/C: ὑμνὲν A, ὕμνεν E   15 δὲ Bergk   16 ὦν A   17 Musurus: ὕβρεις codd./δ᾽ del. Bergk   19 E: πιω A, εἰπὼν Fränkel/ ἀναφαίνῃ Hermann   20 η A, ἡ epit.: ᾗ Ahrens, οἱ Schneidewin/ codd.: τόνος Koraes, πόνος Schneidewin   21 Fränkel: διέπειν A, διέπει epit.   22 τε add. Casaubon, τὰ Hermann, τι Meineke, αὖ Bergk/add. Schweighäuser   23 Osann: φενδόνας A   24 add. Casaubon/ἀγαθόν Francke

Zuerst aber müssen frohgestimmte Männer den Gott preisen

mit ehrfurchtsvollen Erzählungen und reinen Themen,

unter Spenden und mit der Bitte, das Rechte

verwirklichen zu können – das nämlich ist eher zur Hand,

ist nicht Vermessenheit; trinken aber so viel, daß,

wer kein Greis, ohne Begleiter nach Hause gelangt.

Von den Männern aber soll man den loben, der nach dem
Trunk Rechtes vorträgt,
(? was ihm die Tradition liefert und was er selbst zum Thema
'Arete' beisteuert?),
indem er nicht etwa handelt von Kämpfen der Titanen,
Giganten
und Kentauren, Fabeln der Früheren,

oder von heftigen Parteiungen; daran ist nichts Nützliches.

Vor den Göttern aber soll man gute Ehrfurcht haben.

---

15 ἤτοι ὁ μὲν σπείσας τε καὶ εὐξάμενος Π 253, αὐτὰρ ἐπὴν
σπείσῃς τε καὶ εὔξεαι γ 45, σπένδοντ' εὐχόμενόν τε ο 258
17 αὐτὰρ ἐπεὶ σπεῖσάν τε πίον θ' ὅσον ἤθελε θυμός γ 342, οἴνου
πινέμεναι μελιηδέος, ὄφρ' ἐθέλητον Δ 346/εἰ δέ κεν οἴκαδ'
ἵκωμαι Ι 414, cf. δ 520, ι 530
19 ὃς ἐσθλὴν φράζετο βουλήν Σ 313
22 οὔτε τι κενταύρου h. Merc. 224
24 αἰὲν ἔχων λ 167, Theogn. 246.790.1084, ἀνθρώπων ἀεὶ δόξαν
ἔχειν ἀγαθήν Sol. 13,4 W.

2

ἀλλ' εἰ μὲν ταχυτῆτι ποδῶν νίκην τις ἄροιτο

ἢ πενταθλεύων, ἔνθα Διὸς τέμενος

πὰρ Πίσαο ῥοῆσ' ἐν Ὀλυμπίῃ, εἴτε παλαίων

ἢ καὶ πυκτοσύνην ἀλγινόεσσαν ἔχων

εἴτε τὸ δεινὸν ἄεθλον ὃ παγκράτιον καλέουσιν,   5

ἀστοῖσίν κ' εἴη κυδρότερος προσορᾶν

καί κε προεδρίην φανερὴν ἐν ἀγῶσιν ἄροιτο

καί κεν σῖτ' εἴη δημοσίων κτεάνων

ἐκ πόλεως καὶ δῶρον ὅ οἱ κειμήλιον εἴη·

εἴτε καὶ ἵπποισιν, ταῦτά κε πάντα λάχοι –   10

οὐκ ἐὼν ἄξιος ὥσπερ ἐγώ. ῥώμης γὰρ ἀμείνων

ἀνδρῶν ἠδ' ἵππων ἡμετέρη σοφίη.

1–22 Athen. 413 f (cod. A saec. X)

3 ῥοὰς Schneidewin cl. v. 21   5 Wakefield: εἴτέτι cod.   6 Jacobs: προσεραν cod.   8 σιτειη cod.: σίτησιν Kaibel   9 πόλιος Schneidewin   10 Schweighäuser: κ' εἰπάντα cod.

Nun gut, wenn einer mit der Schnelligkeit der Füße einen
  Sieg erränge
oder als Fünfkämpfer, dort wo der Hain des Zeus

an den Fluten des Pises in Olympia, oder als Ringer

oder auch, weil er den schmerzhaften Faustkampf beherrscht

oder den schrecklichen Wettkampf, den sie Pankration
  nennen:
für seine Mitbürger wäre er herrlicher anzuschauen,

und einen Ehrensitz vor aller Augen bei den Veranstaltungen
  würde er erhalten,
und Speisung gäbe es aus öffentlichem Vermögen,

gewährt von der Gemeinde, und ein Geschenk als kostbaren
  Besitz;
oder auch wenn er mit seinen Pferden (siegte), würde er das
  alles erhalten –
er der (dessen) nicht so würdig ist wie ich. Ist besser als Kraft

von Männern und Pferden doch unsere Kunst und Kenntnis.

---

1 ἀλλ' εἰ μὲν Α 135, Χ 49 / ἀέθλια ποσσὶν ἄροντο Ι 124.269, νίκην
  τε καὶ ἀγλαὸν εὖχος ἀρέσθαι Hes. Th. 628 (cf. H 203)
2 ἔνθα τέ οἱ τέμενος ϑ 363, h. Aphr. 59
4 πυγμαχίης ἀλεγεινῆς Ψ 653, παλαισμοσύνης ἀλεγεινῆς Ψ 701,
  ϑ 126
1–4 πύξ τε παλαισμοσύνη τε καὶ ἅλμασιν ἠδὲ πόδεσσιν ϑ 103 –
5 ὃ --- καλέουσιν Ω 316 (Ξ 279, ν 104.348; Α 403, Σ 487, Υ 74,
  Χ 29.506)
8 οὐϑ' ἱερῶν κτεάνων οὔτε τι δημοσίων Sol. 4,12 W
9 ὅ τοι κειμήλιον ἔσται α 312 (cf. Ζ 47, Ψ 618, δ 600)
11 ὥς περ ἐγών Ω 487, σ 19 (cf. Δ 263, Ζ 477) / γὰρ ἀμείνων Α 217,
  Ι 256, Λ 469, χ 104, Hes. Op. 570.750
12 ἀνδρῶν ἠδ' ἵππων Υ 157, Β 762 (cf. Β 466, Κ 338, Ρ 740)

ἀλλ' εἰκῇ μάλα τοῦτο νομίζεται, οὐδὲ δίκαιον

προκρίνειν ῥώμην τῆς ἀγαθῆς σοφίης.

οὔτε γὰρ εἰ πύκτης ἀγαθὸς λαοῖσι μετείη   15

οὔτ' εἰ πενταθλεῖν οὔτε παλαισμοσύνην,

οὐδὲ μὲν εἰ ταχυτῆτι ποδῶν, τόπερ ἐστὶ πρότιμον

ῥώμης ὅσσ' ἀνδρῶν ἔργ' ἐν ἀγῶνι πέλει,

τοὔνεκεν ἂν δὴ μᾶλλον ἐν εὐνομίῃ πόλις εἴη·

σμικρὸν δ' ἂν τι πόλει χάρμα γένοιτ' ἐπὶ τῷ,   20

εἴ τις ἀεθλεύων νικῷ Πίσαο παρ' ὄχθας·

οὐ γὰρ πιαίνει ταῦτα μυχοὺς πόλεως.

13 ταῦτα? West
15 Stephanus: λαοῖσιν ἒτ' cod.   **16** οὔτε cod.: εἶτε? West   **22** πόλιος Schneidewin

Nein, durchaus willkürlich ist dieser Brauch, und nicht ist es
  recht,
Stärke höher zu schätzen als nützliche Weisheit.

Denn mag einer tüchtig sein im Volk als Boxer

oder als Fünfkämpfer oder im Ringkampf

oder sogar durch Schnelligkeit der Füße, was am meisten
  gilt
unter den Disziplinen, die es beim Wettkampf gibt,

so wäre deshalb die Stadt nicht mehr (als vorher) in guter
  Ordnung;
und kurz wäre das Vergnügen, das die Stadt daran hätte,

wenn einer im Wettkampf siegte an den Ufern des Pises:

Denn nicht bereichert das die Kammern der Stadt.

---

13 οὐδὲ δίκαιον υ 294, φ 312 (β 282, γ 133 etc.)
15 οὐδὲ γὰρ E 22, Z 130, N 269 etc.
16 οὔτε παλαισμοσύνης Tyrt. 12,2 W
17 οὐδὲ μὲν K 181, M 82, O 688, κ 447
18 ἐργ᾽ ἀνδρῶν α 338 (cf. M 283, Π 392, T 131, κ 98)/ἐν ἀγῶνι
  Ο 428, Π 239, ϑ 200.238 etc.
19 πόλις εἴη Φ 447, M 11
20 ἐπεὶ μέγα χάρμα πόλει τ᾽ ἦν παντί τε δήμῳ Ω 706/καὶ τοῖς
  ἔπι Hes. Op. 749, ἐπὶ καὶ τῷ Hes. Op. 754
21 παρ᾽ ὄχϑας Δ 487, Z 34, Σ 533, Φ 337, ι 132

Κολοφώνιοι δέ, ώς φησι Φύλαρχος (81 F 66), τὴν ἀρχὴν ὄντες σκληροὶ ἐν ταῖς ἀγωγαῖς, ἐπεὶ εἰς τρυφὴν ἐξώκειλαν πρὸς Λυδοὺς φιλίαν καὶ συμμαχίαν ποιησάμενοι, προῄεσαν διησκημένοι τὰς κόμας χρυσῷ κόσμῳ, ὡς καὶ Ξενοφάνης φησίν·

ἁβροσύνας δὲ μαθόντες ἀνωφελέας παρὰ Λυδῶν,

ὄφρα τυραννίης ἦσαν ἄνευ στυγερῆς,

ᾖεσαν εἰς ἀγορὴν παναλουργέα φάρε' ἔχοντες,

οὐ μείους ὥσπερ χείλιοι εἰς ἐπίπαν,

αὐχαλέοι, χαίτῃσιν ἀγαλλόμενοι εὐπρεπέεσσιν,   5

ἀσκητοῖσ' ὀδμὴν χρίμασι δευόμενοι.

οὕτω δ' ἐξελύθησαν διὰ τὴν ἄκαιρον μέθην ὥστε τινὲς αὐτῶν οὔτε ἀνατέλλοντα τὸν ἥλιον οὔτε δυόμενον ἑωράκασιν ... Θεόπομπος δ' ἐν πεντεκαιδεκάτῃ Ἱστοριῶν (115 F 117) χιλίους φησὶν ἄνδρας αὐτῶν ἁλουργεῖς φοροῦντας στολὰς ἀστυπολεῖν· ὃ δὴ καὶ βασιλεῦσιν σπάνιον τότε ἦν καὶ περισπούδαστον. ἰσοστάσιος γὰρ ἦν ἡ πορφύρα πρὸς ἄργυρον ἐξεταζομένη. τοιγαροῦν διὰ τὴν τοιαύτην ἀγωγὴν ἐν τυραννίδι καὶ στάσεσι γενόμενοι αὐτῇ πατρίδι διεφθάρησαν. ταῦτα εἴρηκεν περὶ αὐτῶν καὶ Διογένης ὁ Βαβυλώνιος ἐν τῷ πρώτῳ τῶν Νόμων (F 53 = Arnim SVF III 211).

Athen. 526a (cod. A saec. X)

1 J.G. Schneider: ἀφροσύνας cod.   2 Dindorf: ησσα/νευ cod.
3 ἤιεσαν cod.: ᾖισαν Meineke   4 εἰς cod.: ὡς Schweighäuser
5 Musurus: χαιτισιν cod./αγαλλομεν cod.: ἀγάλμενοι Wilamowitz
6 Musurus: χρήμασι cod.

3

Sie, die die nutzlosen Feinheiten von den Lydern gelernt
    hatten,
solange sie noch frei waren von der verhaßten Tyrannis,

gingen auf den Marktplatz in Gewändern, die ganz mit ech-
    tem Purpur gefärbt waren,
im ganzen nicht weniger als tausend,

stolz, prunkend mit ihren schön verzierten Haaren,

durch künstlich bereitete Salben triefend von Duft.

---

3 ἤϊσαν ἐς πόλεμον N 305, βῆ ῥ' ἴμεν εἰς ἀγορήν β 10, υ 146 (cf.
ϑ 12.109), εἰς ἀγορὴν ἴσαν T 45/πορφύρεον μέγα φᾶρος ἔχων
Θ 221 (ϑ 84), φάρε' ... ἁλιπόρφυρα ν 108, καθαρὰ χροῒ εἵματ'
ἔχοντα ζ 61 (cf. ζ 64, ξ 506, π 210, ψ 95, ω 156)

5 χαίτῃσιν ἀγαλλόμενοι ταναῇσι Aristeas 2 Kinkel, ἀγαλλόμενα
πτερύγεσσι B 462 (cf. Υ 222, ε 176, h. Apol. 427, h. Merc. 553)

ἔϑος δὲ ἦν πρότερον ἐν τῷ ποτηρίῳ ὕδωρ ἐμβάλλεσϑαι, μεϑ᾽ ὃ τὸν οἶνον. Ξενοφάνης·

οὐδέ κεν ἐν κύλικι πρότερον κεράσειέ τις οἶνον

ἐγχέας, ἀλλ᾽ ὕδωρ καὶ καϑύπερϑε μέϑυ.

᾽Ανακρέων· ... (396 P). πρὸ δὲ τούτων Ἡσίοδος· κρήνης τ᾽ ἀενάου καὶ ἀπορρύτου, ἥτ᾽ ἀϑόλωτος, / τρὶς ὕδατος προχέειν, τὸ δὲ τέτρατον ἱέμεν οἴνου (Op. 595). Θεόφραστος· ἐπεὶ καὶ τὰ περὶ τὴν κρᾶσιν ἐναντίως εἶχε τὸ παλαιὸν τῷ νῦν παρ᾽ Ἕλλησιν ὑπάρχοντι. οὐ γὰρ τὸ ὕδωρ ἐπὶ τὸν οἶνον ἐπέχεον, ἀλλ᾽ ἐπὶ τὸ ὕδωρ τὸν οἶνον, ὅπως ἐν τῷ πίνειν ὑδαρεστέρῳ χρῷντο τῷ ποτῷ καὶ τούτου ποιησάμενοι τὴν ἀπόλαυσιν ἧττον ὀρέγοιντο τοῦ λοιποῦ.

Athen. (epit.) 11,18 p. 782a (codd. CE saec. XV–XVI)

2 Casaubon: ἐγχεύας codd.

Auch würde niemand beim Mischen im Becher zuerst den Wein
eingießen, sondern das Wasser und darüber den Wein.

---

1 οὐδέ κεν I 386, χ 63, Hes. Th. 740/κεράασθε δὲ οἶνον γ 332, κερόωντό τε οἶνον θ 470, ἐν δ' οἶνον ἔχευεν υ 260
2 καὶ καθύπερθε θ 279

6

πέμψας γὰρ κωλῆν ἐρίφου σκέλος ἤραο πῖον

ταύρου λαρινοῦ, τίμιον ἀνδρὶ λαχεῖν

τοῦ κλέος Ἑλλάδα πᾶσαν ἀφίξεται, οὐδ᾽ ἀπολήξει,

ἔστ᾽ ἂν ἀοιδάων ᾖ γένος Ἑλλαδικόν.

Athen. 368e (cod. A saec. X, cod. C saec. XV–XVI)

3 codd.: ἐφίξεται Karsten 4 A: Ἑλλαδικῶν superscriptum habet C

Denn du, der du das Schenkelstück eines Zickleins schick-
   test, hast die fette Keule erhalten
eines gemästeten Ochsen, angemessen für einen Mann,

dessen Ruhm über ganz Hellas reichen und nicht vergehen
   wird,
solange es griechische Lieder gibt.

---

1 κλέος ἦρατ᾽ ὀπίσσω α 240, ξ 370, ω 33
2 καὶ τίμιός ἐστιν ἀνθρώποις κ 38 s
3 ἀνδρὸς τοῦ κλέος εὐρὺ καθ᾽ Ἑλλάδα α 344, δ 726.816/οὐδ᾽
   ἀπολήγει Ρ 565, Υ 99, Φ 577

περὶ δὲ τοῦ ἄλλοτ᾽ ἄλλον αὐτὸν (Πυθαγόραν sc.) γεγενῆσθαι Ξενοφάνης ἐν ἐλεγείᾳ προσμαρτυρεῖ ἧς ἀρχή·

νῦν αὖτ᾽ ἄλλον ἔπειμι λόγον, δείξω δὲ κέλευθον.

ὁ δὲ περὶ αὐτοῦ φησιν οὕτως ἔχει·

καί ποτέ μιν στυφελιζομένου σκύλακος παριόντα

φασὶν ἐποικτῖραι καὶ τόδε φάσθαι ἔπος·

»παῦσαι, μηδὲ ῥάπιζ᾽, ἐπεὶ ἦ φίλου ἀνέρος ἐστὶ

ψυχή, τὴν ἔγνων φθεγξαμένης ἀΐων«.

Diog. L. 8,36 (codd. BPF) **2–5** A.P. 7,120; Suda v. Ξενοφάνης (= a) **2–4** Suda v. στυφελίξαι (= b)

1 Stephanus: νῦν οὖν τ᾽ codd. **2** καί ποτέ: δὴ τότε A.P./μιν: μὴν BF/παριόντος B, Suda (a: cod. G) **3** B, A.P., Suda (b): φασί γ᾽ P, Suda (a), φασὶ γοῦν F/A. Fick: ἐποικτεῖραι codd. **5** φθεγξαμένην Suda dett.

Jetzt will ich mich wieder einem anderen Thema zuwenden
und den Weg zeigen.

Und als er einst an einem Hund, der geschlagen wurde, vor-
beikam,
habe er, heißt es, Mitleid gehabt und folgendes gesagt:

»Hör auf und schlage nicht; denn es ist ja eines Freundes

Seele, die ich erkannte, als ich sie schreien hörte.«

---

1 νῦν αὖ τοὺς ἄλλους ἐπιείσομαι Λ 367, Υ 454/νῦν αὖ Ι 700,
Ξ 262 (P 478.672, Φ 82, Χ 436), β 48, δ 727.817, ε 18, ν 149.303,
ξ 174, π 65/αὐτὰρ ἐγὼ δείξω ὁδὸν ἠδὲ ἕκαστα μ 25
2 καί ποτέ Α 213, Ζ 459.479, Η 87, λ 623
3 φάσθαι ἔπος Ι 100, ϱ 584
4 ἐπεὶ ἥ ∪∪–∪∪–∪ Α 156.169, Δ 56, ι 276, κ 465, h. Aphr. 195
etc. / φίλου ἀνέϱος δ 169, φίλου ἀνδϱὸς λ 327

μακροβιώτατός τε γέγονεν (Ξενοφάνης sc.), ὥς που καὶ αὐτός
φησιν·

ἤδη δ᾽ ἑπτά τ᾽ ἔασι καὶ ἑξήκοντ᾽ ἐνιαυτοὶ

βληστρίζοντες ἐμὴν φροντίδ᾽ ἀν᾽ Ἑλλάδα γῆν·

ἐκ γενετῆς δὲ τότ᾽ ἦσαν ἐείκοσι πέντε τε πρὸς τοῖς,

εἴπερ ἐγὼ περὶ τῶνδ᾽ οἶδα λέγειν ἐτύμως.

Diog. L. 9,18–19; Apostolios VIII 42r (Paroem. Gr. II 442)
2 βληστρίζοντ᾽ ὑμὴν Apost. 4 τῶν Apost.

Schon aber sind es siebenundsechzig Jahre,

die umhertreiben mein Nachdenken durch das hellenische
  Land;
seit meiner Geburt aber waren es damals fünfundzwanzig,

wenn ich denn hierüber korrekt zu berichten weiß.

---

2 ἀν' Ἑλλάδα I 395, λ 496, o 80, καϑ' Ἑλλάδα γῆν Theogn. 247
3 ἐκ γενετῆς Ω535, σ 6 (h. Merc. 440), Hes. Th. 271 / ἦσαν ἐείκοσι
  Λ 34
4 λέγειν ἔτυμα Theogn. 308

ἡ μετοχὴ γηρείς, ᵗγηρεὶς ἐν οἰκίοισι˝ (adesp. iamb. 4 West). ἡ
γενικὴ γηρέντος ὥσπερ τιθέντος. Ξενοφάνης, οἷον

ἀνδρὸς γηρέντος πολλὸν ἀφαυρότερος.

οὕτως Ἡρωδιανὸς ἐν τοῖς περὶ παθῶν (II 266 Lentz = Gramm. Gr.
III 2).

Etym. Gen. (codd. AB) v. γῆρας; Etym. Magn. 230,50; cf. Herodian. II 829,24 Lentz (= J.A.Cramer An. Ox. IV 39)

Sylburg: Ξενοφῶν Etym./πολλῶν A

Viel schwächer als ein alternder Mann.

ἄνδρα γέροντα σ 53.81 / πολλὸν ἀφαυρότερος Η 457

τὰ εἰς σι λήγοντα ῥήματα τὴν πρὸ τέλους ἔχει φύσει μακράν·
ἑστήκασι, βεβασιλεύκασι, τετύφασι, γεγράφασι, νενοήκασιν.
οἱ μέντοι ποιηταὶ πολλάκις ἐπὶ τούτοις συστολὰς ποιοῦνται, ὡς
παρὰ Ξενοφάνει·

ἐξ ἀρχῆς καθ᾽ Ὅμηρον ἐπεὶ μεμαθήκασι πάντες,

καὶ πάλιν· ὁππόσα δὴ θνητοῖσι πεφήνασιν εἰσοράασθαι (F 36).

Herodian. π.διχρόνων 296 (II 16 Lentz = J.A. Cramer An. Ox. III
296); Choerob. in Theodos. (Gramm. Gr. IV 2,88 Hilgard)

da von Anfang an alle nach Homer gelernt haben

ἐξ ἀρχῆς α 188, λ 438 (β 254, ϱ 69), Hes. Th. 45.115.156. (203.408. 452.512), Theogn. 739/ἐπεὶ μάϑον Ζ 444 (ϱ 226, σ 362) ἄλλοι γὰρ ἄλλας καὶ ἀσυμφώνους ἔχουσι περὶ τούτων ὑπολήψεις, ὥστε μήτε πάσας εἶναι πιστὰς διὰ τὴν μάχην μήτε τινὰς διὰ τὴν ἰσοσθένειαν, προσεπισφραγιζομένης τὸ τοιοῦτο καὶ τῆς παρὰ τοῖς θεολόγοις καὶ ποιηταῖς μυθοποιήσεως· πάσης γὰρ ἀσεβείας ἐστὶ πλήρης. ἔνθεν καὶ ὁ Ξενοφάνης διελέγχων τοὺς περὶ Ὅμηρον καὶ Ἡσίοδόν φησι·

πάντα θεοῖσ᾽ ἀνέθηκαν Ὅμηρός θ᾽ Ἡσίοδός τε

ὅσσα παρ᾽ ἀνθρώποισιν ὀνείδεα καὶ ψόγος ἐστίν,

κλέπτειν μοιχεύειν τε καὶ ἀλλήλους ἀπατεύειν.

Sext. Emp. adv. math. 9,192s

Alles haben Homer und Hesiod den Göttern zugeschoben,

was bei Menschen Schande und Schimpf ist:

stehlen und ehebrechen und einander betrügen.

---

3 ἀλλήλους δ’ ἀπατῶσιν Theogn. 59

Ὅμηρος δὲ καὶ Ἡσίοδος κατὰ τὸν Κολοφώνιον Ξενοφάνη

ὡς πλεῖστ᾽ ἐφθέγξαντο θεῶν ἀθεμίστια ἔργα,

κλέπτειν μοιχεύειν τε καὶ ἀλλήλους ἀπατεύειν.

Sext. Emp. adv. math. 1,289

1 Fabricius: ὃς πλεῖστα ἐφθέγξατο Sextus, οἳ Stephanus, καὶ Karsten

möglichst viele frevelhafte Taten der Götter haben (Homer
  und Hesiod) ausgerufen:
stehlen und ehebrechen und einander betrügen.

1 ἔργα θεῶν Π 120, ἔργ' ἀνδρῶν τε θεῶν τε τά τε κλείουσιν
  ἀοιδοί α 338 / ἀθεμίστια εἰδώς ι 428, υ 287
2 = F 11,3

14

ἀλλ᾽ οἱ βροτοὶ δοκⱃἐⱦουσι γεννᾶσθαι θεούς,

τὴν σφετέρην δ᾽ ἐσθῆτα ἔχειν φωνήν τε δέμας τε.

Clem. Alex. Strom. V 109 (p. 399 St.); Euseb. Praep. Ev. XIII 13,36 (p. 212 Mras); Theodoret. Graec. aff. cur. 3,72 (p. 88 Raeder)

1 add. Stephanus   2 Clem., Euseb.: καὶ ἴσην τ᾽ αἴσθησιν Theod., σφετέρην ἐσθῆτα τ᾽ Karsten

Aber die Sterblichen meinen, Götter würden geboren

und hätten ihre Kleidung, Stimme und Gestalt.

---

1 θεῶν γένεσιν Ξ 201.302, εἴπατε δ᾽ ὡς τὰ πρῶτα θεοὶ καὶ γαῖα γένοντο Hes. Th. 108
2 δέμας καὶ ἀτειρέα φωνήν Ν 45, Ρ 555; Χ 227, εἰδός τε δέμας τε ϑ 116, λ 469, σ 251, τ 124, ω 17, δέμας φωνήν τε τ 381

‒∪∪. ἀλλ' εἰ χεῖρας ἔχον βόες ἠὲ λέοντες

ἢ γράψαι χείρεσσι καὶ ἔργα τελεῖν ἅπερ ἄνδρες,

ἵπποι μέν θ' ἵπποισι, βόες δέ τε βουσὶν ὁμοίας

καί ‹κε› θεῶν ἰδέας ἔγραφον καὶ σώματ' ἐποίουν

τοιαῦθ', οἷόν περ καὐτοὶ δέμας εἶχον ἕκαστοι.   5

1‒5 Clem. Alex. Strom. V 109; Euseb. Praep. Ev. XIII 13,36; Theodoret. Graec. aff. cur. 3,72. ‒ cf. etiam Epicharm. fr. 173 καὶ γὰρ ἁ κύων κυνὶ κάλλιστον εἶμεν φαίνεται, καὶ βῶς βοΐ, ὄνος δ' ὄνῳ κάλλιστον, ὗς δέ θην ὑΐ.

1 Eus.: ἀλλ' εἰ τοι χεῖρας εἶχον Clem., Theod./βόες ἵπποι τ'> Diels/Clem., Eus., Theod. codd. nonnulli: ἢ ἐλέφαντες Theod. 2 ἢ codd.: καὶ Ludwich, ὡς Hiller   3 Theod.: ὁμοῖοι Clem., ὅμοιοι Eus.   4 add. Stephanus/δώματ' Eus.   5 van Herwerden: ὁμοῖον Clem., Theod., ὅμοιον Eus., ἕκαστον Karsten

Doch wenn Ochsen oder Löwen Hände hätten

oder vielmehr malen könnten mit ihren Händen und Kunst-
werke herstellen wie die Menschen,
dann würden Pferde pferdeähnlich, Ochsen ochsenähnlich

der Götter Gestalten malen und solche Körper bilden,

wie jeder selbst gestaltet ist.

---

1 $-\cup\cup$. ἀλλ' εἰ K 222 (A 135, H 28, K 111, Ξ 337 al.)/χεῖρας ἔχων
Σ 33, χεῖρας ἔχοντες Σ 594, κ 42/ἠὲ λέοντας κ 433 (Θ 338,
κ 212.218)
2 ἔργα τελείει ζ 234, ψ 161, ἔργα τελέσσῃ ϱ 51.60, ἔργον τελέσας
Hes. Op. 554/οἵ ἐπιεικὲς ἔργ' ἔμεν ἀθανάτων μηδὲ βϱοτὸν
ἄνδρα τελέσσαι Τ 21 s

Clem. Alex. Strom. VII 22 Ἕλληνες δὲ ὥσπερ ἀνθρωπομόρφους οὕτως καὶ ἀνθρωποπαθεῖς τοὺς θεοὺς ὑποτίθενται, καὶ καθάπερ τὰς μορφὰς αὐτῶν ὁμοίας ἑαυτοῖς ἕκαστοι διαζωγραφοῦσιν, ὥς φησιν ὁ Ξενοφάνης "Αἰθίοπές τε μέλανας σιμούς τε Θρᾶικές τε πυρροὺς καὶ γλαυκούς", οὕτως καὶ τὰς ψυχὰς ὁμοιοῦσιν καὶ τοῖς αὐτοῖς ‹πάθεσιν ἐνεχομένους› ἀναπλάττουσιν αὐτίκα βάρβαροι μὲν θηριώδεις καὶ ἀγρίους τὰ ἤθη, ἡμερωτέρους δὲ Ἕλληνες, πλὴν ἐμπαθεῖς.

Theodoret. Graec. aff. cur. 3,73 εἶτα σαφέστερον κωμῳδῶν (ὁ Ξενο-φάνης) τήνδε τὴν ἐξαπάτην, ἀπὸ τοῦ χρώματος τῶν εἰκόνων διε-λέγχει τὸ ψεῦδος. τοὺς μὲν γὰρ Αἰθίοπας μέλανας καὶ σιμοὺς γρά-φειν ἔφησε τοὺς οἰκείους θεούς, ὁποῖοι δὴ καὶ αὐτοὶ πεφύκασι, τοὺς δέ γε Θρᾷκας γλαυκούς τε καὶ ἐρυθρούς, καὶ μέντοι καὶ Μήδους καὶ Πέρσας σφίσιν αὐτοῖς ἐοικότας, καὶ Αἰγυπτίους ὡσαύτως αὐτοὺς διαμορφοῦν πρὸς τὴν οἰκείαν μορφήν.

Αἰθίοπές τε ‹θεοὺς σφετέρους› σιμοὺς μέλανάς τε

Θρῆικές τε γλαυκοὺς καὶ πυρρούς ‹φασι πέλεσθαι›.

---

exempli gratia Diels: Αἰθίοπές τε ‹θεοὺς› μέλανας σιμούς τε ‹γράφουσι› Θρῆικες τ' ‹αὖ› πυρροὺς καὶ γλαυκοὺς ‿∪∪‿∪ Diehl, Kalinka

Die Griechen setzen voraus, daß die Götter ebenso mit menschlicher Gestalt wie mit menschlichen Empfindungen versehen seien, und wie alle die Gestalten ihrer Götter so malen, daß sie ihnen selbst gleichen, wie Xenophanes sagt »die Äthiopier (die ihren) schwarz und stumpfnasig, die Thraker rötlich und blauäugig,« so lassen sie auch ihre Seelen ähnlich sein und statten sie aus mit denselben Affekten, die Barbaren z.b. (die ihrigen) roh und wild im Verhalten, die Griechen gesitteter, gleichwohl leidenschaftlich.

Xenophanes verspottet dann diese Täuschung noch deutlicher und widerlegt den Irrtum mit Hilfe der Farbe der Götterbilder. Die Äthiopier nämlich malen die eigenen Götter, wie er sagt, schwarz und plattnasig, also wie sie selbst beschaffen sind; die Thraker aber blauäugig und rötlich; und in gleicher Weise bilden natürlich Meder, Perser und Ägypter die Götter jeweils nach ihrem Bild.

Die Äthiopier ihre Götter plattnasig und schwarz,

die Thraker blauäugig und rötlich.

Βάκχον δὲ οὐ τὸν Διόνυσον ἐκάλουν μόνον, ἀλλὰ καὶ πάντας τοὺς τελοῦντας τὰ ὄργια βάκχους ἐκάλουν, οὐ μὴν ἀλλὰ καὶ τοὺς κλάδους οὓς οἱ μύσται φέρουσι. μέμνηται δὲ Ξενοφάνης (Kuester: Ξενοφάντης codd.) ἐν Σίλλοις οὕτως·

ἑστᾶσιν δ᾽ ἐλάτης ⟨βάκχοι⟩ πυκινὸν περὶ δῶμα.

ἔστι δὲ καὶ στεφάνης εἶδος, ...

Schol. Aristoph. Equ. 408a; cf. Hesych (βάκχος· ὁ ἱερεὺς τοῦ Διονύσου. καὶ κλάδος ὁ ἐν ταῖς τελεταῖς, οἱ δὲ φανὸν λέγουσιν· οἱ δὲ ἰχθύν), Suda (Βάκχος· οὕτως οὐ μόνον τὸν Διόνυσον ἐκάλει, ἀλλὰ καὶ πάντας τοὺς τελοῦντας τὰ ὄργια· οὐ μὴν καὶ τοὺς κλάδους ⟨οὓς⟩ οἱ μύσται φέρουσιν), et I. Bekker Anecdota Gr. I 224s (= Eudociae Violarium, ed. Flach).

ἐλάτης et ἐλάτη codd.: ἐλάται Eudocia et Musurus/add. Wachsmuth: ἐλατῶν πυκινοὶ περὶ δώματα βάκχοι Lobeck, Aglaophamus I 308,1

Bakchos nannten sie nicht nur Dionysos, sondern auch alle, die seine heiligen Riten ausüben, nannten sie Bakchen; ferner auch die Zweige, die die Mysten tragen. Xenophanes erwähnt das in den Sillen:

Es stehen aber Tannenbakchen um das feste Haus.

Auch eine Kranzart wird so genannt, ...

πυκινὸν δόμον K 267, M 301, ζ 134, η 81.88

οὗτοι ἀπ' ἀρχῆς πάντα θεοὶ θνητοῖσ' ὑπέδειξαν,

ἀλλὰ χρόνῳ ζητοῦντες ἐφευρίσκουσιν ἄμεινον.

1–2 Stob. I 8,2 (p. I 94 WH = a) et III 29,41 (p. III 635 = b)

1 b: παρέδειξαν a, θνητοῖσιν ἔδειξαν Meineke   2 ἐφεύρισκον a

Keineswegs haben die Götter von Anfang an alles den Sterblichen aufgezeigt,
sondern mit der Zeit finden sie suchend Besseres vor.

---

1 ἀπ' ἀρχῆς Hes.Th.425; cf.ad F 10/ἀλλ' οὐ πως ἅμα πάντα
  θεοὶ δόσαν ἀνθρώποισιν Δ 320 (cf. Δ 363)/ἔργα θεοὶ θνητοῖσιν
  ἔδειξαν hymn. 31,19 (cf.h.Dem. 111)
2 διζήμενος εἴ που ἐφεύροι Δ 88, E 168, N 760, δύναμαι διζήμενος
  εὑρεῖν Theogn. 415

Ξενοφάνης ὁ Κολοφώνιος ἐν Παρῳδίαις·

πὰρ πυρὶ χρὴ τοιαῦτα λέγειν χειμῶνος ἐν ὥρῃ

ἐν κλίνῃ μαλακῇ κατακείμενον, ἔμπλεον ὄντα,

πίνοντα γλυκὺν οἶνον, ὑποτρώγοντ' ἐρεβίνθους·

τίς πόθεν εἰς ἀνδρῶν; πόσα τοι ἔτε' ἐστί, φέριστε;

πηλίκος ἦσθ' ὅθ' ὁ Μῆδος ἀφίκετο;

1–5 Athen. 54e   3 Eust. in Il. p. 948,40
3 ἐπιτρώγοντ' Koraes   4 Diels: ἔτη codd.

Am Feuer zur Winterzeit gehören sich solche Gespräche,

wenn man daliegt auf weichem Lager, völlig gesättigt ist,

süßen Wein trinkt und dazu Kichererbsen knuspert:

»Wer bist du und von wem stammst du? Wie viele Jahre
zählst du, mein Bester?
Wie alt warst du, als der Meder kam?«

---

1 πὰρ πυρί η 154, παραὶ πυρί ϱ 572/ὥρῃ χειμερίῃ ε 485, Hes. Op. 494
2 κείμενον ἐν κλισίῃ Ξ 10, κεῖται ἐνὶ κλισίῃσιν Ω 554, εὐνῇ ἔνι
μαλακῇ καταλέγμενος χ 196
3 πίνουσ᾿ αἴθοπα οἶνον Ε 341, πίνοντες κρητῆρας ἐπιστεφέας
οἴνοιο Θ 232, πῖνέ τε οἶνον ξ 109, ο 391, πίνειν οἶνον ἐρυθρόν
h. Dem. 208, πίνουσί τε αἴθοπα οἶνον β 57, ϱ 536
4 τίς πόθεν εἰς ἀνδρῶν α 170, κ 325, ξ 187, ο 264, τ 105, ω 298; τίς
δὲ σύ ἐσσι φέριστε, τέων δ᾿ ἐξ ἐσσι τοκήων Ω 387 (cf. Ζ 123,
Ο 247)/πόστον δὴ ἔτος ἐστὶν ὅτε ω 288
5 $- \cup \cup - $ ὅτε $- \cup$ ἀφίκετο Σ 395, $-$ ὅτε $--- \cup$ ἀφίκετο α 332, σ 208,
ε 55, π 414, φ 42.63

εἷς θεὸς ἔν τε θεοῖσι καὶ ἀνθρώποισι μέγιστος,

οὔτι δέμας θνητοῖσι ὁμοίιος οὐδὲ νόημα.

1–2 Clem. Alex. Strom. 5,109; Euseb. Praep. Ev. XIII 13,36
2 οὔτε et οὔτε Sylburg

Ein Gott ist unter Göttern und Menschen der Größte,

nicht an Gestalt den Sterblichen gleich, nicht an Einsicht.

---

1 ἐκ Διός, ὅς τε θεοῖσι καὶ ἀνθρώποισιν ἀνάσσει Β 669, υ 112/ἓν
κράτος, εἷς δαίμων γένετο, μέγας ἀρχὸς ἁπάντων Orph. fr. 168,6
= 169,1
2 δέμας ἀθανάτοισιν ὁμοῖος γ 468, ϑ 14, ψ 163/οὔτε νόημα
Ω 40, Hes. Op. 129, οὐδὲ νόημα σ 215.220

24

εἰ γὰρ ἔστι τὸ θεῖον, ζῷόν ἐστιν· εἰ δὲ ζῷόν ἐστιν, ὁρᾷ ὅλος·

οὖλος ὁρᾷ, οὖλος δὲ νοεῖ, οὖλος δέ τ' ἀκούει.

Sext. adv. math. 9,144 (sine nomine auctoris); cf. Diog. L. 9,19 (de Xenophane: οὐσίαν θεοῦ σφαιροειδῆ, μηδὲν ὅμοιον ἔχουσαν ἀνθρώπῳ· ὅλον δὲ ὁρᾶν καὶ ὅλον ἀκούειν, μὴ μέντοι ἀναπνεῖν· σύμπαντά τε εἶναι νοῦν καὶ φρόνησιν καὶ ἀίδιον); Ps. Aristot. de MXG 3.977 a 36 (de Xenophane: ἕνα δ' ὄντα ὅμοιον εἶναι πάντῃ, ὁρῶντα καὶ ἀκούοντα τάς τε ἄλλας αἰσθήσεις ἔχοντα πάντῃ); Plut. fr. 179,4 Sandbach (de Xenophane: ἀποφαίνεται δὲ καὶ περὶ θεῶν, ... · ἀκούειν δὲ καὶ ὁρᾶν καθόλου καὶ μὴ κατὰ μέρος); Iren. apud Epiphan. haer. 33,2,5 (ὅλος ἔννοια ὤν, ὅλος θέλημα, ὅλος φῶς, ὅλος ὀφθαλμός, ὅλος ἀκοή, ὅλος πηγὴ πάντων ἀγαθῶν. cf. Hippolyt. refut. VI 38,5); Cyrill. Hierosol. catal. VI 7 (οὐκ ἐν μέρει βλέπων, ἐν μέρει δὲ τοῦ βλέπειν ἀπεστερημένος, ἀλλ' ὅλος ὢν ὀφθαλμὸς καὶ ὅλος ἀκοὴ καὶ ὅλος νοῦς, οὐχ ὡς ἡμεῖς ἐν μέρει νοῶν καὶ ἐν μέρει γιγνώσκων). – Epicharm. 249 νοῦς ὁρῇ καὶ νοῦς ἀκούει· τἄλλα κωφὰ καὶ τυφλά. Critias VS 88 B 25,17 ὡς ἔστι δαίμων ἀφθίτῳ θάλλων βίῳ, νόῳ τ' ἀκούων καὶ βλέπων, φρονῶν τ' ἄγαν.

οὖλος γὰρ ὁρᾷ codd.

24

Ganz sieht er, ganz erkennt er, ganz hört er.

ἀλλ' ἀπάνευθε πόνοιο νόου φρενὶ πάντα κραδαίνει.

Simplic. Phys. 23,20
κρααίνει Calogero

sondern ohne Mühe durch eine Regung der Einsicht erschüttert er alles.

ἀλλ' ἀπάνευθεν α 190, ι 189, h. Dem. 355 / ἄνευθε πόνου η 192 / ἀλλ'
οὐ Ζεὺς ἀνδρεσσι νοήματα πάντα τελευτᾷ Σ 328, θεὸς διὰ πάντα
τελευτᾷ Τ 90, τὰ δὴ νῦν πάντα τελεῖται Β 330, Ξ 48 / οὐρανὸς εὐρὺς
σειόμενος, πεδόθεν δὲ τινάσσετο μακρὸς Ὄλυμπος Hes. Th. 679

αἰεὶ δ᾽ ἐν ταὐτῷ μίμνει κινούμενος οὐδέν,

οὐδὲ μετέρχεσθαί μιν ἐπιπρέπει ἄλλοτε ἄλλῃ.

1–2 Simplic. Phys. 23,11

1 ἀεὶ codd./κινούμενος et κινούμενον codd.

Immer aber bleibt er am selben Ort, ohne jede Bewegung,

und nicht geziemt ihm, bald hierhin bald dorthin zu gehen.

---

1 αὐτόθι μίμνει ζ 245, λ 187.356, αὐτοῦ μένον ἔμπεδον λ 152.628
2 ἄλλοτε ἄλλῃ h. Merc. 558, ἄλλυδις ἄλλῃ Μ 461, Ν 279, ε 369,
  ι 458, λ 385/οὐδὲ ∪ ‒‒‒∪ ἐπιπρέπει ω 252

27

Ξενοφάνης μὲν οὖν ὁ Ὀρθομένους ὁ Κολοφώνιος, ὁ τῆς Ἐλεατι-
κῆς αἱρέσεως ἡγησάμενος, ἓν εἶναι τὸ πᾶν ἔφησε, σφαιροειδὲς
καὶ πεπερασμένον, οὐ γενητόν, ἀλλ᾽ ἀίδιον καὶ πάμπαν ἀκίνητον·
πάλιν δ᾽ αὖ τῶνδε τῶν λόγων ἐπιλαθόμενος ἐκ τῆς γῆς φῦναι
ἅπαντα εἴρηκεν. αὐτοῦ γὰρ δὴ τόδε τὸ ἔπος ἐστίν·

ἐκ γῆς γὰρ τάδε πάντα καὶ εἰς γῆν πάντα τελευτᾷ.

Theodoret. Graec. aff. cur. 4,5 Raeder [Dox. Gr. 92 et 284 b]; Stob.
I 10,12 (Ξενοφάνης ἀρχὴν τῶν πάντων εἶναι τὴν γῆν· γράφει γὰρ
ἐν τῷ Περὶ φύσεως); Schol. Hom. H 99; Sext. adv. math. 10,313;
Hippolyt. Refut. X 6

Theod.: ἐκ γῆς γὰρ τὰ πάντα Stob., ἐκ γῆς γὰρ πάντα Schol.,
ἐκ γαίης γὰρ πάντα Sext., ἐκ γῆς γάρ, φησί, πάντα ἐστὶ καὶ εἰς
τὴν γῆν πάντα τελευτᾷ Hippol.

Denn aus Erde ist dieses alles, und zur Erde wird alles am
Ende.

σέο δ' ἐκ τάδε πάντα πέλονται N 632/τάδε πάντα Z 441, ξ 160,
τ 305/τὰ δὲ δὴ νῦν πάντα τελεῖται β 176, ε 302, ν 178/πάντα
τελευτᾷ Σ 328, Τ 90 (γ 62)

Ξενοφάνης δὲ οὐκ οἴεται μετέωρον εἶναι τὴν γῆν, ἀλλὰ κάτω εἰς ἄπειρον καθήκειν. φησὶ γάρ·

γαίης μὲν τόδε πεῖρας ἄνω παρὰ ποσσὶν ὁρᾶται

ἠέρι προσπλάζον, τὸ κάτω δ᾽ ἐς ἄπειρον ἱκνεῖται.

1–2 Achill. Tat. Introduct. in Arat. 4 (p. 34,11Maass; codd. V saec. XIV et M saec. XV)

1 M: γαίης γάρ φησι τόδε V/M: πεῖραν V, πεῖραρ Maass/πὰρ ποσσὶν M, παρὰ ποσὶν V 2 ἠέρι Diels: καὶ ῥεῖ codd., αἰθέρι Karsten

Aristot. Cael. Β 13.294 a 21 οἱ μὲν γὰρ διὰ ταῦτα ἄπειρον τὸ κάτω τῆς γῆς εἶναί φασιν, ἐπ᾽ ἄπειρον αὐτὴν ἐρριζῶσθαι λέγοντες, ὥσπερ Ξενοφάνης ὁ Κολοφώνιος, ἵνα μὴ πράγματ᾽ ἔχωσι ζητοῦντες τὴν αἰτίαν. διὸ καὶ Ἐμπεδοκλῆς οὕτως ἐπέπληξεν, εἰπὼν ... (Β 39).

Simplic. Cael. 522,3 ὑπὸ τῆς ἀπορίας, φησί, κινούμενοι πάντες, μὴ βουλόμενοι δὲ πράγματα ἔχειν μέχρι τοσούτου ζητοῦντες, ἕως οὗ εὕρωσι τὴν κυριωτάτην αἰτίαν, ἕκαστος τὸ προχείρως ἐπελθὸν ἀπεφήνατο, ὥσπερ Ξενοφάνης ὁ Κολοφώνιος τὸ ἄπειρον τὸ κάτω τῆς γῆς εἶναι καὶ διὰ τοῦτο μένειν αὐτήν. ἀγνοῶ δὲ ἐγὼ τοῖς Ξενοφάνους ἔπεσι τοῖς περὶ τούτου μὴ ἐντυχών, πότερον τὸ κάτω μέρος τῆς γῆς ἄπειρον εἶναι λέγων διὰ τοῦτο μένειν αὐτήν φησιν ἢ τὸν ὑποκάτω τῆς γῆς τόπον καὶ αἰθέρα ἄπειρον καὶ διὰ τοῦτο ἐπ᾽ ἄπειρον καταφερομένην τὴν γῆν δοκεῖν ἠρεμεῖν· οὔτε γὰρ ὁ Ἀριστοτέλης διεσάφησεν οὔτε τὰ Ἐμπεδοκλέους ἔπη διορίζει σαφῶς· γῆς γὰρ βάθη λέγοιτο ἂν καὶ ἐκεῖνα, εἰς ἃ κάτεισιν.

Dieses obere Ende hier der Erde ist sichtbar zu unseren
   Füßen,
an die Luft stoßend, das untere aber geht ins Grenzenlose.

1 πείρατα γαίης Ξ 200.301, δ 563 (ι 284, h. Aphr. 227); Hes.Th.
   518.622, Op.168/πὰρ ποσὶν N 617
2 ἐπ' ἀπείρονα γαῖαν H 446, Ω 342, α 98, ε 46, ρ 386.418, τ 107;
   Hes.Th. 187, Op. 160.487

γῆ καὶ ὕδωρ πάντ' ἐσθ' ὅσα γίνοντ' ἠδὲ φύονται.

Simpl. Phys. 189,1 (per errorem de Anaximene); Philopon. Phys. 125,27

Phil.: πᾶν ἐστ' Simpl. / Simpl.: φύοντ' ἠδὲ γίνονται Phil.

Erde und Wasser ist alles, was wird und wächst.

ἀλλ' ὑμεῖς μὲν πάντες ὕδωρ καὶ γαῖα γένοισθε Η 99/πάντα
φύονται ι 109

Ξενοφάνης ἐν τῷ Περὶ φύσεως·

πηγὴ δ᾿ ἐστὶ θάλασσ᾿ ὕδατος, πηγὴ δ᾿ ἀνέμοιο·

οὔτε γὰρ ἐν νέφεσιν ‹

‒ ∪ ∪ ‒ ∪ ›ἔσωθεν ἄνευ πόντου μεγάλοιο

οὔτε ῥοαὶ ποταμῶν οὔτ᾿ αἰ[θέρος] ὄμβριον ὕδωρ,

ἀλλὰ μέγας πόντος γενέτωρ νεφέων ἀνέμων τε   5

καὶ ποταμῶν.

1–6 Schol. Hom. Φ 196s (= Crates Mall. fr. 32a Mette, Sphairo-poiia) 1 Stob. I 31,4 (= Dox. Gr. 371)

1 θαλάσση Schol., θάλασσα Stob. 2–3 lacunam stat. Diels, ante ἐν H. Weil: γίνοιτό κε ἷς ἀνέμοιο ἐκπνείοντος e.g. add. Diels, qui olim (Kl. Schr. 60s) πνοιαί κ᾿ ἀνέμοιο φύοιντο ἐκπνείοντος/sine lacuna οὔτε γὰρ ἂν νέφε᾿ ἦεν ἄνευ πόντου μεγάλοιο Nicole 3 Nicole: πόντοιο cod. 4 suppl. Schol. m. rec.

Aet. III 4,4 (Dox. Gr. 371: Stob. I 31,4): Ξενοφάνης ἀπὸ τῆς τοῦ ἡλίου θερμότητος ὡς ἀρκτικῆς αἰτίας τὰν τοῖς μεταρσίοις συμβαίνειν· ἀνελκομένου γὰρ ἐκ τῆς θαλάττης τοῦ ὑγροῦ τὸ γλυκὺ διὰ τὴν λεπτομέρειαν διακρινόμενον νέφη τε συνιστάνειν ὁμιχλούμενον καὶ καταστάζειν ὄμβρους ὑπὸ πιλήσεως καὶ δι-ατμίζειν τὰ πνεύματα. γράφει γὰρ διαρρήδην· πηγὴ δ᾿ ἐσσὶ θάλασσ᾿ ὕδατος.

Diog.L. IX 19 τὰ νέφη συνίστασθαι τῆς ἀφ᾿ ἡλίου ἀτμίδος ἀναφε-ρομένης καὶ αἰρούσης αὐτὰ εἰς τὸ περιέχον.

Das Meer ist Quelle des Wassers, Quelle des Windes.

Denn ohne das große Meer ‹gäbe es› weder in den Wolken

‹den Wind, der aus ihnen herausbläst,›

noch die Fluten der Flüsse noch den Regen des Äthers;

sondern das große Meer ist Erzeuger der Wolken, Winde

und Flüsse.

---

2 ἰς ἀνέμοιο P 739, ι 71, ν 276, τ 186
4 ῥοὰς ποταμῶν ι 450 (Λ 732, Π 669.679, κ 529)/ὄβριμον ὕδωρ
Δ 453, h. Merc. 519

Nach Xenophanes hat, was sich oberhalb der Erdoberfläche in der
Höhe ereignet, seine primäre Ursache in der Sonnenwärme. Wenn
nämlich das Feuchte aus dem Meer heraufgezogen wird, sondere sich
das Süße (= Salzfreie), weil es aus besonders kleinen Partikeln besteht, aus und bilde so, zu Nebel werdend, Wolken, lasse, wenn es
verdichtet wird, Regen fallen und erzeuge durch Verdunsten die
Winde. Er schreibt nämlich ausdrücklich: »Quelle des Wassers ist
das Meer.«

Die Wolken bilden sich, wenn der von der Sonne bewirkte Dunst
aufsteigt und sie in die Atmosphäre hebt.

Ὑπερίονα δὲ νομιστέον αὐτὸν (τὸν ἥλιον) τὸν ὑπεριέμενον ἀεὶ τῆς γῆς, ὥσπερ οἶμαι καὶ Ξενοφάνης ὁ Κολοφώνιός φησιν·

ἠέλιός θ' ὑπεριέμενος γαῖάν τ' ἐπιθάλπων.

Heraclit. Alleg. Hom. 44,5

Aet. II 20,3 (Dox. Gr. 348: Plut. mor. 890A; Stob. I 25,1): Περὶ οὐσίας ἡλίου· Ξενοφάνης ἐκ νεφῶν πεπυρωμένων εἶναι τὸν ἥλιον. Θεόφραστος ἐν τοῖς Φυσικοῖς γέγραφεν ἐκ πυριδίων μὲν τῶν συναθροιζομένων ἐκ τῆς ὑγρᾶς ἀναθυμιάσεως, συναθροιζόντων δὲ τὸν ἥλιον.

[Plut.] Strom. 4 (= fr. 179,4 Sandbach = Dox. Gr. 580): φησὶ δὲ καὶ τὸν ἥλιον ἐκ μικρῶν καὶ πλειόνων πυριδίων ἀθροίζεσθαι ... τὸν δὲ ἥλιόν φησι καὶ τὰ ἄστρα ἐκ τῶν νεφῶν γίνεσθαι.

Hippolyt. Refut. I 14,3 (Dox. Gr. 565): τόν δὲ ἥλιον ἐκ μικρῶν πυριδίων ἀθροιζομένων γίνεσθαι καθ' ἑκάστην ἡμέραν ... καὶ ἀπείρους ἡλίους εἶναι καὶ σελήνας, τὰ δὲ πάντα εἶναι ἐκ γῆς.

Aet. II 24,4 (Dox. Gr. 354: Plut. mor. 890F; Stob. I 25,1): Περὶ ἐκλείψεως ἡλίου· ἔκλειψιν δὲ γίνεσθαι κατὰ σβέσιν. ἕτερον δὲ πάλιν πρὸς ταῖς ἀνατολαῖς γίνεσθαι. – παριστόρηκε δὲ καὶ ἔκλειψιν ἡλίου ἐφ' ὅλον μῆνα καὶ πάλιν ἐντελῆ ὥστε τὴν ἡμέραν νύκτα φανῆναι.

Aet. II 24,9 (Dox. Gr. 355: Plut. mor. 891A; Stob. I 25,3): Περὶ ἐκλείψεως ἡλίου· Ξενοφάνης πολλοὺς εἶναι ἡλίους καὶ σελήνας κατὰ κλίματα τῆς γῆς καὶ ἀποτομὰς καὶ ζώνας. κατὰ δέ τινα καιρὸν ἐμπίπτειν τὸν δίσκον εἴς τινα ἀποτομὴν τῆς γῆς οὐκ οἰκουμένην ὑφ' ἡμῶν καὶ οὕτως ὥσπερ κενεμβατοῦντα ἔκλειψιν ὑποφαίνειν. ὁ δ' αὐτὸς τὸν ἥλιον εἰς ἄπειρον μὲν προϊέναι, δοκεῖν δὲ κυκλεῖσθαι διὰ τὴν ἀπόστασιν.

Aet. II 25,4 (Dox. Gr. 356: Plut. mor. 891B; Stob. I 26,1): Περὶ σελήνης οὐσίας· Ξενοφάνης νέφος εἶναι πεπιλημένον.

Aet. II 29,5 (Dox. Gr. 360: Stob. I 26,3): Περὶ ἐκλείψεως σελήνης· Ξενοφάνης καὶ τὴν μηνιαίαν ἀπόκρυψιν κατὰ σβέσιν.

Die Sonne, in die Höhe steigend und die Erde erwärmend

ἡελίου ἀνιόντος Θ 538, Χ 135 (Σ 136, α 24, μ 429, ψ 362; cf. κ 191 s)

Die Sonne bestehe aus entflammten Wolken. Theophrast hat in seiner Geschichte der Naturphilosophie (über Xenophanes) berichtet, die Sonne entstehe aus Funken, die sich aus der feuchten Verdunstung versammeln und so die Sonne zusammenbringen.

Er sagt, die Sonne sammle sich aus kleinen und zahlreichen Funken... Sonne und Sterne entstünden aus den Wolken.

Die Sonne entstehe täglich aus kleinen Funken, die sich sammeln, ... und es gebe unbegrenzt viele Sonnen und Monde; das alles aber stamme von der Erde.

Das tägliche Schwinden der Sonne geschehe aufgrund des Erlöschens. Beim täglichen Aufgang aber entstehe jeweils eine andere Sonne. – In diesem Zusammenhang hat er auch von einer Sonnenfinsternis berichtet, die einen ganzen Monat dauerte, und ferner von einer totalen Finsternis, so daß der Tag zur Nacht wurde.

Viele Sonnen gebe es und Monde für die einzelnen Breiten der Erde und ihre Abschnitte und Zonen. Gelegentlich aber komme die Sonnenscheibe zu einem Erdabschnitt, der von uns Lebewesen nicht bewohnt wird, und weise so, gleichsam ins Leere tretend, eine Verfinsterung auf. Die Sonne gehe zwar ins Unendliche weiter, wegen der Entfernung aber sehe es so aus, als mache sie eine Kreisbewegung.

Der Mond sei eine verdichtete Wolke.

Auch die monatliche Abnahme des Mondes geschehe infolge Erlöschens.

Aet. II 28,1 (Dox. Gr. 358: Plut. mor. 891D; Stob. I 26,1): Περὶ φωτισμῶν σελήνης· Ἀναξίμανδρος Ξενοφάνης Βήρωσος ἴδιον αὐτὴν ἔχειν φῶς.

Aet. II 13,14 (Dox. Gr. 343: Plut. mor. 888F; Stob. I 24,1): Περὶ οὐσίας ἄστρων· Ξενοφάνης ἐκ νεφῶν μὲν πεπυρωμένων· σβεννυμένους δὲ καθ' ἑκάστην ἡμέραν ἀναζωπυρεῖν νύκτωρ καθάπερ τοὺς ἄνθρακας. τὰς γὰρ ἀνατολὰς καὶ τὰς δύσεις ἐξάψεις εἶναι καὶ σβέσεις.

Aet. II 30,8 (Dox. Gr. 362: Stob. I 26,4): Περὶ ἐμφάσεως σελήνης· Ξενοφάνης τὸν μὲν ἥλιον χρήσιμον εἶναι πρὸς τὴν τοῦ κόσμου καὶ τὴν τῶν ἐν αὐτῷ ζῴων γένεσίν τε καὶ διοίκησιν, τὴν δὲ σελήνην παρέλκειν.

Der Mond habe eigenes Licht.

Die Sterne entstünden aus entflammten Wolken. Täglich erlöschend entzündeten sie sich nachts wie glühende Kohlen. Denn Auf- und Untergang seien Entzünden und Erlöschen.

Die Sonne sei nützlich zur Schaffung und Erhaltung der Welt und ihrer Lebewesen, der Mond aber sei überflüssig.

ἥν τ' Ἶριν καλέουσι, νέφος καὶ τοῦτο πέφυκε,

πορφύρεον καὶ φοινίκεον καὶ χλωρὸν ἰδέσθαι.

1-2 Schol. Hom. Λ 27; Eust. in Il. 827,60

Aet. II 18,1 (Dox. Gr. 347: Plut. mor. 889 D; Stob. I 24,1): Περὶ τῶν καλουμένων Διοσκούρων· Ξενοφάνης τοὺς ἐπὶ τῶν πλοίων φαινομένους οἷον ἀστέρας, οὓς καὶ Διοσκούρους καλοῦσί τινες, νεφέλια εἶναι κατὰ τὴν ποιὰν κίνησιν παραλάμποντα.

Aet. III 2,11 (Dox. Gr. 367: Plut. mor. 893 D; Stob. I 28,1): Περὶ κομητῶν καὶ διᾳττόντων καὶ δοκίδων· Ξενοφάνης πάντα τὰ τοιαῦτα νεφῶν πεπυρωμένων συστήματα ἢ κινήματα.

Aet. III 3,6 (Dox. Gr. 368: Stob. I 29,1): Περὶ βροντῶν ἀστραπῶν κεραυνῶν πρηστήρων τυφώνων· Ξενοφάνης ἀστραπὰς γίνεσθαι λαμπρυνομένων τῶν νεφῶν κατὰ τὴν κίνησιν.

Und was sie Iris nennen, eine Wolke ist seiner Natur nach
   auch das,
purpurn, rötlich und gelbgrün anzuschauen.

---

1 ἠύτε πορφυρέην ἶριν θνητοῖσι τανύσσῃ Ζεὺς ἐξ οὐρανόθεν P
547/ἴσον καὶ τοῦτο τέτυκται Hes.Op. 752/–∪∪– καὶ τοῦτο φ
278, Hes. Op. 140.156.180; –∪∪– καὶ ταῦτα Ζ 150, Κ 427

Jene an Schiffen sich zeigenden sternartigen Feuer, die manche auch
Dioskuren nennen, seien Wölkchen, die entsprechend der jeweiligen
Bewegung aufglimmen.

Kometen, Sternschnuppen und Meteore seien Gebilde entflammter
Wolken oder Wolken, die sich bewegen.

Blitze entstünden, wenn die Wolken bei Bewegung aufleuchten.

33

πάντες γὰρ γαίης τε καὶ ὕδατος ἐκγενόμεσθα.

Sext. adv. math. 10,314 (cf. 9,361); Hippolyt. Refut. X 7; Schol. Hom. H 99; Eust. in Il. 668,60.
cf. [Plut.] vita Hom. 93 (Plut. mor. VII 379 Bernardakis); Heraklit. Alleg. Hom. 22,9; Aristid. or. 46,6 (et Dox. Gr. 92s)

ἐκγενόμεθα codd.

Denn alle sind wir aus Erde und Wasser entstanden.

ἀλλ' ὑμεῖς μὲν πάντες ὕδωρ καὶ γαῖα γένοισθε Η 99 / ὅσσοι γὰρ
Γαίης τε καὶ Οὐρανοῦ ἐξεγένοντο Hes. Th. 154.421 / ἐκγενόμεσθα
Hes. Th. 648, ἐξεγένοντο Hes. Th. 106.124.147.154 etc.

34

καὶ τὸ μὲν οὖν σαφὲς οὐ τις ἀνὴρ ἴδεν οὐδέ τις ἔσται

εἰδὼς ἀμφὶ θεῶν τε καὶ ἄσσα λέγω περὶ πάντων·

εἰ γὰρ καὶ τὰ μάλιστα τύχοι τετελεσμένον εἰπών,

αὐτὸς ὅμως οὐκ οἶδε· δόκος δ' ἐπὶ πᾶσι τέτυκται.

1-4 Sext. adv. math. 7,49 et 110; 8,326   1-2 Plut. aud. poet. 2 (mor. 17 E)   1-2 (– εἰδώς) Diog. L.9,72   3-4 Galen. Diff. puls. 3,1 (VIII 636s K.); Hippolyt. Refut. I 14,1   4 (δόκος-) Sext. Pyrrh. Hyp. 2,18; Stob. II 1,17; Procl. in Plat. Tim. I 254 Diehl;Epiphan. De fide 9,14 (505 Holl)

1 ἴδεν (et οἶδεν) Sext., οἶδεν (et εἶδεν) Diog.: γένετ' Plut.   3 Sext., Hippolyt. (τύχῃ): ἦν γὰρ καὶ τὰ μέγιστα τύχῃ τετελεσμένα Galen.

Und das Genaue hat nun freilich kein Mensch gesehen, und
es wird auch niemanden geben,
der es weiß über die Götter und alles, was ich sage.

Denn wenn es ihm auch im höchsten Grade gelingen sollte,
Wirkliches auszusprechen,
selbst weiß er es gleichwohl nicht. Für alles gibt es aber Vermutung.

---

1 καὶ τὰ μὲν οὖν ν 122, h. Merc. 62/οὐ σάφα οἶδεν ϙ 153.307.373
(B 192.252, E 183, O 632, Y 201.432 ω 404)/οὔ τις ἀνὴρ N 222,
λ 483 (B 553, E 172, Z 487.521, K 204, T 11, Ψ 632, Ω 707, ξ 122)/
ἀνὴρ ἴδεν –∪ ∪ –∪ E 770, P 466/οὐδέ τις –∪ A 534, Γ 45 (+ 32)/
ἔσται (versus in fine) A 136.212 (+ 35)
2 περὶ πάντων (versus in fine) A 417, B 831, I 38, K 88, Λ 329, α 235,
δ 231, φ 249
3 –∪ ∪ –∪ μάλιστα A 16.375 (+ 27)/ἔπος τετελεσμένον εἴη ο
536, ϙ 163, τ 309; τετελεσμένον ἔσται (ἐστί) A 212, Θ 401 (+ 19)
4 οἶδα καὶ αὐτός T 421, Y 201.432, Ω 105, ε 215, κ 457, ξ 365/πάν-
τεσσι τέτυκται Ξ 246; πάντα τέτυκτ- Ξ 215, μ 280; τέτυκτ-
(versus in fine) Γ 101, E 402 (+ 38)

τούτοις ἐπιφωνήσαντος τοῦ Ἀμμωνίου τὰ τοῦ Ξενοφάνους ὥσπερ εἰώθει

ταῦτα δεδοξάσθαι μὲν ἐοικότα τοῖς ἐτύμοισι

καὶ παρακαλοῦντος ἀποφαίνεσθαι καὶ λέγειν τὸ δοκοῦν ἕκαστον...

Plut. quaest. conv. IX 14,7 (mor. 746 B)

Plut.: δεδόξασται Karsten, δεδοξάσθω Wilamowitz

35

dieses zwar vermutungsweise gelten zu lassen, gleichend dem
  Wirklichen...

ἴσκε ψεύδεα πολλὰ λέγων ἐτύμοισιν ὁμοῖα τ 203, ἴδμεν ψεύδεα
πολλὰ λέγειν ἐτύμοισιν ὁμοῖα Hes.Th. 27, οὐδ᾽ εἰ ψεύδεα μὲν
ποιοῖς ἐτύμοισιν ὁμοῖα Theogn. 713/ἐοικότ- ‿∪∪‿∪ B 337.
800 (+ 26)

ὁππόσα δὴ θνητοῖσι πεφήνασιν εἰσοράασθαι, ...

Herodian. π.διχρόνων 296 (Gramm. Gr. III 2,16 Lentz = J.A. Cramer An. Ox. III 296); Choerob. in Theodos. (Gramm. Gr. IV 2,88 Hilgard)

Herod.: πεφήνασθ' et πεφύκασιν Choer.

Was also alles sich den Sterblichen sichtbar zeigt, …

καὶ μὴν ἐν σπεάτεσσί τεοις καταλείβεται ὕδωρ.

Herodian. π. μονήρους λέξεως 30 (II 936 Lentz)

cod.: μὲν ἐνὶ Diels/σπεάτεσι cod.

Hippolyt. Refut. I 14,4 οὗτος τὴν θάλασσαν ἁλμυρὰν ἔφη διὰ τὸ πολλὰ μείγματα συρρέειν ἐν αὐτῇ. ὁ δὲ Μητρόδωρος διὰ τὸ ἐν τῇ γῇ διηθεῖσθαι τούτου χάριν γίνεσθαι ἁλμυράν. ὁ δὲ Ξενοφάνης μίξιν τῆς γῆς πρὸς τὴν θάλασσαν γίνεσθαι δοκεῖ καὶ τῷ χρόνῳ ὑπὸ τοῦ ὑγροῦ λύεσθαι, φάσκων τοιαύτας ἔχειν ἀποδείξεις, ὅτι ἐν μέσῃ γῇ καὶ ὄρεσιν εὑρίσκονται κόγχαι, καὶ ἐν Συρακούσαις δὲ ἐν ταῖς λατομίαις λέγει εὑρῆσθαι τύπον ἰχθύος καὶ φωκῶν, ἐν δὲ Πάρῳ τύπον δάφνης [codd.: ἀφύης Gronov] ἐν τῷ βάθει τοῦ λίθου, ἐν δὲ Μελίτῃ πλάκας συμπάντων θαλασσίων. ταῦτα δέ φησι γενέσθαι ὅτε πάντα ἐπηλώθησαν πάλαι, τὸν δὲ τύπον ἐν τῷ πηλῷ ξηρανθῆναι. ἀναιρεῖσθαι δὲ τοὺς ἀνθρώπους πάντας, ὅταν ἡ γῆ κατενεχθεῖσα εἰς τὴν θάλατταν πηλὸς γένηται, εἶτα πάλιν ἄρχεσθαι τῆς γενέσεως, καὶ ταύτην πᾶσι τοῖς κόσμοις γίνεσθαι καταβολήν.

[Plut.] Strom. 4 (= fr. 179,4 Sandbach = Dox. Gr. 580) ἀποφαίνεται δὲ καὶ τῷ χρόνῳ καταφερομένην συνεχῶς καὶ κατ' ὀλίγον τὴν γῆν εἰς τὴν θάλασσαν χωρεῖν.

Und wirklich tropft in einigen Höhlen Wasser herab.

καὶ μὴν Τ 45, λ 582.593 (Ψ 410, π 440) /— ἐν σπήεσσι ι 400, κ 404. 424, π 232; — ἐν στήθεσσι Ι 256.554.629, Κ 9, Ν 732, Σ 110, ε 222, κ 329, π 275, υ 22.366; κτεάτεσσιν ἑοῖς α 218 (ξ 115.452, ο 483)

Nach Xenophanes ist das Meer salzig, weil viele Mischungen in ihm zusammenfließen. Metrodor aber meint, es werde salzig, weil es in der Erde gefiltert werde. Xenophanes meint, es gebe eine Vermischung der Erde mit dem Wasser, und mit der Zeit werde die Erde vom Feuchten aufgelöst; als Beweise dafür führt er an, daß mitten auf dem Land und auf Bergen Muscheln gefunden werden; in den Steinbrüchen von Syrakus seien der Abdruck eines Fisches und von. Robben gefunden worden, auf Paros der Abdruck eines Lorbeerblattes mitten im Stein, auf Malta flache Formen aller Meerestiere und -pflanzen. Dieses sei, sagt er, entstanden, als alles von Schlamm überzogen war vor langer Zeit, der Abdruck aber sei im Schlamm getrocknet. Alle Menschen würden vernichtet, wenn immer die Erde, abgesunken zum Meer, Schlamm wird; darauf begänne das Entstehen abermals; und das sei der Beginn für alle Weltordnungen.

Er behauptet auch, daß die Erde ständig und geringfügig sinkend zu Meer werde.

38

εἰ μὴ χλωρὸν ἔφυσε θεὸς μέλι, πολλὸν ἔφασκον

γλύσσονα σῦκα πέλεσθαι.

Herodian. π. μον. λέξ. 41 (Gramm. Gr. III 2,946 Lentz) σημειῶδες
ἄρα τὸ παρὰ Ξενοφάνει (Dindorf ex Etym. Gud. 301 Sturz: Ξενο-
φῶντι cod.) γλύσσων. Etym. Gen. et Etym. M. v. γλύσσων (ὁ
γλυκύτερος παρὰ Ἀριστοφάνει· γλύσσονα σῦκα). Etym. Gen. v.
κάρρων (... κέχρηται δὲ Ξενοφῶν τῷ ὀνόματι οἶον γλύσσονα
σῦκα).

1 Lehrs: πολλῶν cod.

Wenn Gott nicht den gelblichen Honig geschaffen hätte,
würden sie meinen,
die Feigen wären viel süßer.

1 μέλι χλωρόν Λ 631, κ 234, h. Merc. 560/πολλὸν ∪ –∪ Υ 178,
Ζ 479 (+ 9)/ἔφασκ- (versus in fine) Ν 100, ε 135 (+ 7)
2 συκέαι τε γλυκεραί η 116, λ 590

42

καί ‹κ'› ἐπιθυμήσειε νέος νῆς ἀμφιπόλοιο.

Herodian. π.μον.λέξ.7 (Gramm. Gr. III 2,912 Lentz) καὶ παρὰ Ξενοφάνει ἐν δ΄ Σίλλων (Seidler: Ἀριστοφάνει ἐν δινσίλλων et ἐν δ' συλλάβῳ codd.)

add. Dindorf

Und Lust würde bekommen ein Junger nach einer jungen
Magd.

οὕτως δὲ δι' ἀρετὴν ἂν εἴη, ἀλλ' οὐ δι' ἐπιορκίαν, τὸ μή. καὶ τὸ τοῦ Ξενοφάνους ἁρμόττει, ὅτι

οὐκ ἴση πρόκλησις αὕτη, ἀσεβεῖ πρὸς εὐσεβῆ,

ἀλλ' ὁμοία καὶ εἰ ἰσχυρὸς ἀσθενῆ πατάξαι ἢ πληγῆναι προκαλέσαιτο.

Aristot. Rhet. A 15.1377 a 18; Stephan. ad loc. (Comm. in Arist. Gr. XXI 292)

πρόκλησις et πρόσκλησις codd. / Arist.: τἀσεβεῖ Bywater, δυσσεβεῖ Richards, εὐσεβεῖ πρὸς ἀσεβῆ Steph. 292,32 (sed. cf. 292, 34–38)

Nicht fair ist diese Aufforderung (zum Eid), gestellt von
einem Gottlosen an einen Frommen.

KOMMENTAR

I

Textkritik. Wieviel vor Vers 1 verloren ist, läßt die allein von Athenaios gebotene Überlieferung nicht erkennen; daß das Gedicht mit Vers 24 endete, ist denkbar. – Die einst von Bergk in den Versen 15 und 17 vorgenommenen und von Späteren meist übernommenen Eingriffe ändern die Gedankenführung ohne Not und schwächen die Aussage von Vers 17 zu einer konventionellen Trinkregel. – Wortende nach dem vierten Trochäus in Vers 19, wo Fränkel ändern wollte, dürfte durch 1,17; 15,2; 34,2 gesichert sein. – Für Vers 20 scheint eine überzeugende Lösung kaum möglich. Immerhin haben Philologen wie Bergk, Kaibel, Wilamowitz, Bowra die von den codd. gebotene Lesung τὸν ὃς angenommen; und T.W. Allen (Rev. Phil. 8, 1934, 239) hat dafür, daß in Vers 20 aus Vers 19 ἀναφαίνει zu ergänzen sei, auf eine vergleichbare Erscheinung bei Theognis 541–2 verwiesen; s. ferner Kühner-Gerth II 574 f., Schwyzer II 709. Trotzdem neige ich eher zu τόνος und οἱ; s. Pindar Pyth. 11,54 ξυναῖσι δ᾽ ἀμφ᾽ ἀρεταῖς τέταμαι, Theognis 465 ἀμφ᾽ ἀρετῇ τρίβου. – In Vers 21 verdient Fränkels Vermutung gegenüber den kaum zu verstehenden Lesungen der codd. m.E. den Vorzug.

Erläuterungen. Das Fragment gliedert sich deutlich in zwei Abschnitte. Die Verse 1–12 beschreiben, die Verse 13–24 geben Anweisungen; doch da der Umfang des Verlorenen nicht erkennbar ist, erlaubt diese Beobachtung kein Urteil über die ursprüngliche Komposition. Eine deutliche, aber nicht streng symmetrische Zweiteilung zeigen z.B. Tyrtaios 10 (W.) und 12 (W.), ferner Solon 13 (W.), von denen die Solonverse sicher, Tyrtaios 12 möglicherweise vollständig sind. – Gedacht sind die Verse zum Vortrag bei abendlicher

Geselligkeit, wenn nach dem Essen das Symposion beginnen soll; wie Plat. Symp. 176a1–4.

1–12. In einer Aufzählung werden die physische Reinheit und die Festlichkeit der Stunde geschildert; ähnlich wie Odysseus seinen Vortrag vor den Phaiaken damit beginnt, das physische Wohlbehagen der Versammelten zu beschreiben (Od. 9,2–11; dort u.a. auch das Wort εὐφροσύνη, wie in Vers 4; s. auch Certamen 80–94 Allen). – Nach Wasser, Wein und Kränzen als den Charakteristika des Symposions ruft z.B. auch Anakreon 396 P. Wein nicht mit Wasser zu mischen galt als barbarisch und gesundheitsschädlich: Hdt. VI 84,3; Athen. 36ab. Man goß erst das Wasser, dann den Wein ein (s. F 5); das Mischungsverhältnis war sehr verschieden: Extreme Werte, die genannt werden, sind 3 zu 1 (Hes. Op. 596) und 1 zu 2 (Alkaios 346 LP; Pherekrates bei Athen. 430e); dazu D. Page, Sappho and Alcaeus, Oxford 1955, 308.

Als letzter in der Reihe der Gegenstände wird der Altar genannt, so daß sich wie selbstverständlich ein Übergang zu den mit Vers 13 beginnenden Geboten herstellt.

Die Partikelkombination νῦν γὰρ δὴ kann nicht so verstanden werden, als würde Bezug genommen auf die konkrete Situation, in der sich Sprecher und Hörer befinden, im Sinne etwa von ›Nun denn also‹; die Begründung setzt vielmehr einen vorangehenden Text voraus (Denniston 243). Am Anfang fehlt also mindestens ein Distichon des Inhalts, daß das Symposion nun beginnen könne; doch bleiben Umfang und Inhalt des Verlorenen unbestimmbar.

13–24. Die Verse geben dem Symposion eine Ordnung im Rahmen des anscheinend Üblichen: Zu Beginn, wie erstmals bei Alkman 98 (P.), ein Hymnos unter Spenden und Gebeten; wenn dann die eigentliche Geselligkeit beginnt, ist der einzelne gehalten, unter einer allgemeinen Thematik zur Unterhaltung einen eigenen Beitrag zu leisten. Konventionell ist auch die Mahnung, nur mäßig zu trinken; vergleichbar Ion von Chios 27 (Blumenthal, W.) oder die möglicherweise dem Euenos von Paros (C.W. Bowra, Cl.Rev. 48,

1934, 2–4) gehörenden Verse Theognis 467–496; s. ferner zu Vers 17–19.

Der Singular θεόν in Vers 13 ist möglicherweise nach F 23–26 zu verstehen; der Plural in Vers 24 würde angesichts desselben ›Widerspruchs‹ in F 23 jedenfalls nicht dagegen sprechen. Im übrigen aber s. Plat. Symp. 176 a 2 (σπονδάς τε σφᾶς ποιήσασθαι καὶ ᾄσαντας τὸν θεὸν καὶ τἆλλα τὰ νομιζόμενα τρέπεσθαι πρὸς τὸν πότον) und Phil. 61 b 11–c 2; ferner K. Kircher, Die sakrale Bedeutung des Weines im Altertum, Gießen 1910, 21–38 (besonders 33).

εὔφρων in Vers 13 heißt nicht ›wohl‹, sondern ›fröhlich gesinnt‹; das Wort bezeichnet jene heitere Stimmung, die vornehmlich beim Essen und Trinken entsteht: Il. 3,246 (οἶνον εὔφρονα); 15,99; Od. 17,531; auch Il. 9,6; Od. 2,311. Wie hier aus Vers 4 εὐφροσύνη aufgenommen und damit die Heiterkeit unter ein Gebot gestellt wird, so wird die physische Reinheit der Verse 1 und 8 (ζάπεδον und ὕδωρ καθαρόν) im zweiten Abschnitt zur Reinheit der λόγοι (14).

In Vers 14 bestimmen die beiden bedeutungsnahen Wörter sich gegenseitig. μῦθοι sind Geschichten, Berichte, Erzählungen ohne den späteren Beiklang des Fiktiven; wie Od. 3,94; Parmenides 2,1; Empedokles 23,11. λόγοι demgegenüber die Themen, der Gegenstand der Erzählung (Herodot I 111,5; 122,2; IV 152,1 τὸν πάντα λόγον πυνθάνεσθαι ›die ganze Sache‹), wie auch in F 7,1; Theognis 1055; Pindar Pyth. 2,66 b.

Erbeten wird von den Göttern üblicherweise der Sieg der eigenen Partei (Il. 7,200 ff.; 8,526 f.), die Schädigung des Gegners (Il. 6,305–12), die Erreichung des eigenen Vorhabens (Il. 2,411–18; 5,114–21; 9,183 f.; 10,278–95; 15,370–77; 16, 233–54; 24,308–14). Richtschnur sind dabei grundsätzlich der eigene Wille und der Wunsch, sich gegenüber der Umwelt durchzusetzen auf Kosten anderer. εὔχεσθαι, ob in der Bedeutung ›bitten‹ oder auch in der Bedeutung ›frohlocken‹, meint daher immer ›auf sich und seinen Anspruch aufmerksam machen‹ und ist insofern ein ursprünglicher Akt der Selbstbehauptung; im εὖχος vergewissert sich der archaische Mensch seiner Existenz (A.W.H. Adkins, Class. Quart. 19,

1969, 20–33). Vor diesem Hintergrund ist die Formulierung in Vers 15 (εὐξαμένους τὰ δίκαια δύνασθαι πρήσσειν) fast paradox: Nicht die eigenen Ziele gegen die Ansprüche anderer, sondern das durch Umstände und geltende Normen Gebotene durchsetzen zu können lautet jetzt die Bitte an die Götter. Selbstbehauptung wird damit nicht mehr in der freien Verfolgung eigener Intention gesehen, sondern ausdrücklich gebunden an außerpersönliche Instanzen, an τὰ δίκαια als den Inbegriff des der Sache nach Richtigen und Notwendigen. Denn zwar meint τὰ δίκαια keinen absoluten Wert im Sinne etwa von ›Gerechtigkeit‹; was als das Richtige zu gelten hat, wird vielmehr bestimmt durch die zeit- und standesbedingten Anschauungen der tonangebenden Kreise. Doch auch mit dieser Einschränkung ist die Formulierung singulär und zielt auf eine Selbstbeschränkung des einzelnen. Vergleichbar aus vorklassischer Zeit ist allenfalls Theognis 129 f. (μήτ' ἀρετὴν εὔχου Πολυπαΐδη ἔξοχος εἶναι μήτ' ἄφενος· μοῦνον δ' ἀνδρὶ γένοιτο τύχη), eine Anweisung, die deutlich den traditionellen Wunsch δίδου τ' ἀρετήν τε καὶ ὄλβον (Hom. Hym. 15,9; 20,8) korrigieren will. Für τὰ δίκαια δύνασθαι πρήσσειν vgl. noch das bei Platon Men. 77 b3 gegebene Zitat χαίρειν τε καλοῖσι καὶ δύνασθαι (Page, PMG 986), ferner Ion 26,15 f. (mit τὰ δίκαια φρονεῖν), Theognis 279–82 (mit τὰ δίκαια νομίζειν). 395 (τὰ δίκαια φρονεῖ νόος) und schließlich den Vers, den Hipparchos auf die von ihm errichteten Hermen gesetzt haben soll: Μνῆμα τόδ' Ἱππάρχου· στεῖχε δίκαια φρονῶν (Plat. Hipparch. 229 a).

In Vers 16 bezieht sich ταῦτα auf das vorhergehende Gebot und namentlich auf τὰ δίκαια, nicht etwa (wie Fränkel wollte) auf die vorhandenen Weinvorräte.

προχειρότερον in Vers 16 und ὕβρις gehören eng zusammen und erläutern sich gegenseitig. πρόχειρον ist, was jeweils zur Hand ist, was einem nahe liegt (Plat. Apol. 23 d5, Phd. 61 b5, Soph. 251 b7; Isocrates 11,9): Das Richtige und die Bitte um die Möglichkeit seiner Verwirklichung liegen nach Xenophanes näher als die übliche Bitte um Befriedigung der persönlichen Ansprüche. Und was den Menschen in die-

sem Sinne ›näher liegt‹, von dem gilt, daß es οὐχ ὕβρις, keine
Beeinträchtigung anderer ist. Mit anderen Worten: Das alt-
epische, aristokratische Ideal (Il. 6,208; 11,784 αἰὲν ἀριστεύ-
ειν καὶ ὑπείροχον ἔμμεναι ἄλλων), der konventionelle
Wunsch nach Ansehen und Reichtum (ἀρετή, τιμή und ὄλβος) und der Drang, zu siegen und sich durchzusetzen, bedeuten notwendig immer Verletzung fremder Interessen; jedes Handeln aber, das in rigoroser Verfolgung eigener Ziele
andere verdrängt – und verdrängen muß, solange das alte
Ideal gilt –, ist als Eingriff in die Bereiche anderer nichts anderes als ὕβρις. – Für Gedanken und Ausdruck in Vers 15/16
vgl. übrigens Bacchylides 14,8–11 (μυρίαι δ' ἀνδρῶν ἀρεταί,
μία δ' ἐκ πασᾶν πρόκειται, ὃς τὰ πὰρ χειρὸς κυβέρνασεν
δικαίαισι φρένεσσιν).

Der Vorwurf der ὕβρις ist alt und erklingt naturgemäß
zuerst aus dem Munde des Verletzten, der das Tun eines anderen als Gewalttat erfährt (Il. 1,203; 11,695). ὕβρις ist dort,
wo das Recht des Stärkeren herrscht, wie bei den im Hause
des Odysseus rücksichtslos schaltenden Freiern (Od. 1,368;
15,329). In der Odyssee und bei Hesiod werden ὕβρις und
δίκη (δίκαιος) Kontrastbegriffe (Od. 6,120; 9,175; 13,201
ἤ ῥ' οἵ γ' ὑβρισταί τε καὶ ἄγριοι οὐδὲ δίκαιοι. Hes. Op.
213–8). Der Apollonhymnos wagt die kritisch paradoxe Formulierung »Vermessenes Tun wird es geben, wie es Satzung
ist unter den Menschen« (541 ὕβρις θ', ἢ θέμις ἐστὶ κατα-
θνητῶν ἀνθρώπων). Und geradezu wie eine Definition klingt
es, wenn die Odyssee formuliert: Wer ungezügelt dem eigenen
Trieb folgt, der gibt der Vermessenheit Raum (Od. 14,262;
17,431 οἱ δ' ὕβρει εἴξαντες, ἐπισπόμενοι μένεϊ σφῷ), so wie
man Raum geben kann dem eigenen θυμός (Il. 9,598 εἴξας
ᾧ θυμῷ, Od. 5,126 ᾧ θυμῷ εἴξασα), der Unbesonnenheit
(Od. 22,288 εἴκων ἀφραδίης), der Kraft und Gewalttat (Il.
24,42 μεγάλη τε βίη καὶ ἀγήνορι θυμῷ εἴξας. Od. 13,143;
18,139 βίη καὶ κάρτεϊ εἴκων).

Der aristokratischen Selbstverwirklichung mit der natürlichen Neigung, dem eigenen Trieb zu folgen, und dem naiven
Anspruch, die Götter möchten einem solchen Verhalten gün-

stig sein, stellt Xenophanes als angemessener eine Haltung entgegen, die ihre Erfüllung gerade in der Selbstbeschränkung findet. S. auch Heraklit VS 22 B 43.

Für die Mahnung (17–19), maßvoll zu trinken so, daß man Herr seiner selbst und namentlich seiner Worte bleibt, vgl. noch Theogn. 413f. 475–502. 509f.; aber auch Anakreon 356 (Page).

Dem πρῶτον μὲν in Vers 13 respondiert wohl nicht πίνειν δ' (17), sondern ἀνδρῶν δ' in Vers 19: Zuerst Wendung an die Götter, dann förderliche Gespräche. Wobei letzteres die Form erhält: zu loben ist, wer etwas Rechtes beisteuern kann. Denn die Geselligkeit dient auch der Belehrung und Information: κεκλῆσθαι δ' ἐς δαῖτα, παρέζεσθαι δὲ παρ' ἐσθλὸν ἄνδρα χρεὼν σοφίην πᾶσαν ἐπιστάμενον. τοῦ συνιεῖν, ὁπόταν τι λέγῃ σοφόν, ὄφρα διδαχθῇς, καὶ τοῦτ' εἰς οἶκον κέρδος ἔχων ἀπίῃς (Theogn. 563–66).

ἐσθλός (19) meint im 6. Jh. zunächst die aristokratischen Wertungen und Qualitäten: τῶν ἀγαθῶν ἐσθλὴ μὲν ἀπόκρισις, ἐσθλὰ δὲ ἔργα· τῶν δὲ κακῶν ἄνεμοι δειλὰ φέρουσιν ἔπη (Theogn. 1167f.); vgl. ferner Theogn. 31–38. 53–62. 289–92. 367–70. 429–31. 577. 649–52. 1117f. Xenophanes verwendet also einen Begriff, der zu seiner Zeit primär noch ständisch, nicht moralisch orientiert ist, in einer Bedeutung, die in den Versen 21–23 genauer umschrieben wird. Im übrigen s. Theogn. 491 ἀνίκητος δέ τοι οὗτος, ὃς πολλὰς πίνων μή τι μάταιον ἐρεῖ.

Wie immer Vers 20 gelautet haben mag: Quelle jedenfalls und Richtschnur für das Vorzutragende sollen einerseits die Tradition, andererseits die ἀρετή sein. Zu μνημοσύνη vgl. Theogn. 27 σοὶ δ' ἐγὼ εὖ φρονέων ὑποθήσομαι, οἷάπερ αὐτὸς Κύρν' ἀπὸ τῶν ἀγαθῶν παῖς ἔτ' ἐὼν ἔμαθον. Die Versuche, den ständischen Begriff neu zu definieren und seine Verbindung mit dem persönlichen Erfolg und der adligen Stellung zu lösen, beginnen mit Solon 15 (W.). Aus der Zeit des Xenophanes s. etwa Simonides 526.542.579 (Page); Theogn. 147 (ἐν δὲ δικαιοσύνῃ συλλήβδην πᾶσ' ἀρετή ἐστιν, πᾶς δέ τ' ἀνὴρ ἀγαθὸς Κύρνε δίκαιος ἐών). 623 (παντοῖαι κακότητες ἐν ἀνθρώποισιν ἔασιν, παντοῖαι δ' ἀρεταὶ καὶ βιότου παλάμαι). 653 (εὐδαίμων εἴην καὶ θεοῖς φίλος ἀθανάτοισιν Κύρν· ἀρετῆς ἄλλης οὐδεμιῆς ἔραμαι); ferner 149f. 335f. 401–06. 683–86. 865–68. 1177f. Xenophanes selbst sucht die von der ἀρετή zu fordernden Leistungen negativ und positiv zu umschreiben in den Versen 21–23 (24?).

διέπω in Vers 21 dort, wo man einen Ausdruck des Erzählens erwartet, ist zunächst schwer zu verstehen. Das Wort bedeutet wohl eigentlich ›hindurchgehen‹, ist möglicherweise in Il. 2,207 und 24,247 noch im realen Sinne zu verstehen, hat jedoch – ähnlich wie διέρχομαι – die Tendenz, eine Bedeutung wie ›behandeln, ausführen, besorgen‹ anzunehmen: Il. 1,165; 11,706; Od. 12,16; Theogn. 893; ebenso bei Herodot. Die Verwendung des Wortes bei Xenophanes entspricht offenbar genau unserem ›durchgehen, behandeln‹.

Die Behauptung, daß manche Erzählungen des Mythos bloße Erfindungen seien, ist älter: Hes. Th. 27; Hom. h. 1,1–6; Solon 29 (πολλὰ ψεύδονται ἀοιδοί). Und älter ist auch der Vorschlag, auf gewisse, etwa kriegerische Themen zu verzichten: Stesichoros 210 Page (dazu H. Maehler, Die Auffassung des Dichterberufs im frühen Griechentum, Göttingen 1963,71). Doch das ältere Programm erhält bei Xenophanes eine neue Form und neue Begründung. Zu meiden ist der Vortrag solcher Geschichten, die, wie die Erzählungen von den Titanen, Giganten und Kentauren, von Rebellion und Streit unter den Göttern (21 f.), oder, wie etwa Lieder des Alkaios, vom Parteienstreit unter Menschen (23) handeln. Vermessenheit ist, wie die Erfahrung lehrt, schädlich für das Gemeinwohl: δειμαίνω μὴ τήνδε πόλιν Πολυπαΐδη ὕβρις ἥπερ Κενταύρους ὠμοφάγους ὀλέσῃ (Theogn. 541). Geschichten solchen Inhalts sind daher nicht ›nützlich‹ (χρηστόν); womit Xenophanes den neuen Maßstab – das Wort begegnet sonst zuerst bei Aischylos (Perser 228) und häufig bei Herodot – genannt hat, an dem er alles gemessen sehen möchte. – Für den Gedanken, daß ὕβρις zu ἔμφυλος στάσις führt, s. Solon 4 (W.), Theogn. 39–52.

Durch den Zusammenhang erhält τῶν προτέρων hier einen

Ton, wie er bisher in diesem und bedeutungsähnlichen Wörtern nicht zu hören war. Sofern nicht reine Zeitangabe vorliegt (ἐπὶ προτέρων ἀνθρώπων Il. 5,637; 21,405; 23,332), waren die Früheren bisher Vorbild (Il. 4,308) und Maßstab für eigenes Können gewesen (Od. 2,116–122; 8,221–225). νόμος δ' ἀρχαῖος ἄριστος lautet ein Hesiodfragment (322 MW). Die Haltung, die die Gegenwart vergangenen Generationen gegenüber einnimmt, ist vergleichbar dem Respekt, den der Jüngere dem älteren Zeitgenossen zollt, der schon mehr gesehen hat und daher mehr weiß (Il. 9,160f.; 19,217–19; 21,439f.; Od. 7,155–57). Auch die Götter ehren ja die Älteren; ein Satz, mit dem sich gelegentlich selbst ein Wettkämpfer über eigenen Mißerfolg trösten kann (Il. 23,787–90). Die κλεῖα προτέρων ἀνθρώπων sind Trost auch für die Bekümmerten (Hes. Th. 100); zur Freude der Festbesucher singt auf Delos der Mädchenchor μνησάμεναι ἀνδρῶν τε παλαιῶν ἠδὲ γυναικῶν (h.Apoll. 160). Jetzt aber, z.Zt. des Xenophanes, beginnt, was ›die Alten‹ einst gemeint hatten, zu veralten und zu verstauben.

Die Gedankenverbindung zu Vers 24 ist schwer zu fassen; zumal angesichts des fragmentarischen Zustands unklar bleiben muß, ob wir eine abschließende oder zu Neuem überleitende Formulierung vor uns haben. Unsicher ist demzufolge auch, ob die Adversativpartikel mit ›aber‹ oder ›vielmehr‹ wiederzugeben ist. προμηθείη wird in der Bedeutung ›Respekt, Ehrfurcht‹ (gegen H. Fränkel, der für überliefertes θεῶν χρεὼν vorschlug) gesichert durch die entsprechende Bedeutung des Verbums προμηθέομαι bei Herodot II 172,5; IX 108,1; vielleicht auch durch I 88,1. In der Ehrfurcht vor den Göttern sieht Xenophanes offenbar eine Garantie für richtiges Verhalten überhaupt: Wer die Götter respektiert, wird Vermessenheit auch Menschen gegenüber meiden.

Wenn, wie ich meine, ἀγαθήν richtig und nicht in ἀγαθόν zu ändern ist – (man spricht, anders als im alten Epos, inzwischen auch von συντυχίη, γλῶσσα, εὐφροσύνη, σοφίη ἀγαθή: Solon 13,70; Theogn. 714. 1284; Xenoph. 2,14) –, dann kann Od. 14,420 (οὐδὲ συβώτης λήθετ' ἄρ' ἀθανάτων· φρεσὶ γὰρ κέχρητ᾽ ἀγαθῆσιν) als Erläuterung dienen, vor allem aber Jamblich vita Pyth. 100 (aus den Schlußmahnungen des Pythagoreersymposions): ἔτι πρὸς τούτοις περί τε τοῦ θείου καὶ περὶ τοῦ δαιμονίου καὶ περὶ τοῦ ἡρωικοῦ γένους εὐφημόν τε καὶ ἀγαθὴν ἔχειν διάνοιαν. In dem Attribut kommt die feste Vorstellung vom richtigen Verhalten zum Ausdruck: von dem, der um ἀρετή bemüht ist, kann Ehrfurcht vor den Göttern erwartet werden; sie ist gut, da nützlich und förderlich. Zur Bedeutung von ἀγαθός s. auch LfgrE I 20f.

2

Textkritik. Ein Hinweis darauf, ob die nur durch Athenaios erhaltene Elegie vollständig ist, läßt sich der Überlieferung nicht entnehmen; denn die Angabe, die zitierten Verse seien nicht die einzigen, in denen Xenophanes die Wertschätzung des Athletentums kritisiert habe (πολλὰ δὲ καὶ ἄλλα ὁ Ξενοφάνης κατὰ τὴν ἑαυτοῦ σοφίαν ἐπαγωνίζεται, διαβάλλων ὡς ἄχρηστον καὶ ἀλυσιτελὲς τὸ τῆς ἀθλήσεως εἶδος), kann durchaus auf andere Elegien gehen. Immerhin, inhaltlich spricht nichts gegen die Annahme, Vers 22 sei Schlußvers (s. unten S. 109 zu Vers 22); und unter bestimmten Voraussetzungen ist denkbar, daß mit Vers 1 auch der ursprüngliche Anfang erhalten ist. Denn natürlich beginnt mit ἀλλ᾽ εἰ μέν, wie nicht erst die homerischen Parallelen zeigen müssen, keine selbständige sprachliche Äußerung. Aber im Kontext einer Wechselrede kann ein Partner seine Entgegnung durchaus mit ἀλλά einleiten (Denniston 16–20). Xenophon ferner eröffnet häufig Reden auf diese Weise und läßt sogar selbständige Schriften so beginnen: Symp. und Pol.Lak.; wodurch offenbar im Ton der Umgangssprache eine vage Bezugnahme auf den Kontext zum Ausdruck kommt oder ein solcher Kontext suggeriert wird (Denniston 20f.). Ähnlich steht es um die mehrfach als Beginn eines Orakels belegte Wendung ἀλλ᾽ ὅταν (Hdt. I 55, III 57, VI 77, VIII 77), die Aristophanes durch seine Parodien (Equ. 197, Av. 967, Lys.

770) als charakteristisch bestätigt; auch hier wird der adversative Beginn verständlich aus der Situation: Die Pythia kündet nur an bestimmten Tagen, und die gesamten Antworten eines Termins werden offenbar für die Veröffentlichung zu einem lose verknüpften Zusammenhang redigiert, in dem die Worte ἀλλ' ὅταν einen Neueinsatz, Wechsel des Themas und des Adressaten, signalisieren. Angesichts dieser Analogien scheint es jedenfalls nicht unmöglich, daß der Beginn unseres Textes aus dem Kontext des Symposions heraus zu verstehen ist, also Wechsel des Vortragenden und des Themas ausdrückt: gleichgültig, ob die Verse ursprünglich wirklich für eine solche konkrete Situation gedacht waren oder aber durch die Art ihres Anfangs einen solchen Kontext lediglich fingieren sollen. Wer mit Vollständigkeit rechnet, muß zusätzlich annehmen, daß die damaligen Hörer wußten, um wen es sich bei dem Vortragenden handelt; denn eine positive Begründung seiner hohen Selbsteinschätzung ist in den vorliegenden Versen nicht enthalten.

In Vers 8 sprechen die Worte δημοσίων κτεάνων ἐκ πόλεως gegen Kaibels zunächst einleuchtende Vermutung: Der überlieferte Wortlaut klingt wie eine gewollte Umschreibung des technischen Ausdrucks σίτησις.

Erläuterungen. Die Verse zeigen eine deutliche Zweiteilung (s. auch S. 91 zu F 1); in 1–12 wird ein bestehender Zustand geschildert und kritisiert, in 13–22 die Kritik, doch nicht der eigene Anspruch begründet. Kritisiert wird die öffentliche Wertschätzung des Hochleistungssports, der in Wahrheit – anders als der Sprecher und die von ihm vertretenen Fähigkeiten – zum geistigen und materiellen Wohlergehen der Gemeinde nichts beiträgt. Dabei geht der argumentierende Gedanke über vier Stufen. 1: Ein olympischer Sieger kann auf öffentliche Ehrung rechnen (1–10). 2: Er verdient das jedoch weniger als ich; denn meine Weisheit ist mehr wert (11–12). 3: Die unterschiedliche Wertschätzung in der Öffentlichkeit ist ungerechtfertigt (13–14). 4: Denn der siegreiche Sportler fördert das allgemeine Wohl nicht (15–22).

Bezeichnend ist, daß der Sprecher nur dort, wo er sein eigenes Urteil gibt, im Indikativ spricht (11–14. 22). Im übrigen aber schildert er nicht reale Verhältnisse – (etwa: wenn einer siegt, wird er belohnt) –, sondern argumentiert hypothetisch und appelliert so an das Mitdenken seiner Hörer: Gesetzt den Fall, einer (der Anwesenden) würde in Olympia siegen, so würden ihm, wie die Dinge heute liegen und wir alle wissen, außerordentliche Ehren zuteil: zu Unrecht, wie ich meine, denn ...

1–12. Über die ersten zehn Verse dehnt sich ein einziger Satz, dessen Hypothesis (1–5) und Apodosis (6–10) jeweils fünf Verse füllen.

1–5. Die sportlichen Disziplinen nennt Xenophanes in der Reihenfolge, in der sie in das olympische Programm aufgenommen worden sein sollen: Lauf, eingeführt 776; Fünfkampf mit Stadion-Lauf, Sprung, Ringkampf, Diskos- und Speerwurf, 708; Ringkampf 708; Faustkampf 688; Pankration, eine Verbindung von Faust- und Ringkampf, 648. Dabei sind unter ταχυτῆτι ποδῶν die verschiedenen Laufdisziplinen begriffen, die mit der Zeit eingeführt worden sind: στάδιον (einmal durch die Bahn) 776, δίαυλος (hin und zurück) 724, δόλιχος (mehrmals die Stadionlänge) 720, ἔνοπλος (ein δίαυλος in Waffen) 520; und jedenfalls kann daraus, daß der Waffenlauf nicht eigens erwähnt wird, kein Datum für die Abfassung der Elegie gewonnen werden. – F.Jacoby FGrHist IIIb (1955) 211–228; H.V. Herrmann, Olympia. Heiligtum und Wettkampfstätte, München 1972, 80f. und 124.

Aus der Reihe fällt der erst in Vers 10 genannte Wettkampf mit Pferden. Der Überlieferung nach sind in Olympia Wagenrennen 680, Pferderennen 648 eingeführt. Selbst wenn man diese Daten zugrunde legt, ist hier also die historische Abfolge gestört. Doch spricht manches dafür, daß Wagenrennen in Olympia viel älter und möglicherweise der älteste Agon sind; nach der i.J. 472 erfolgten Neuordnung stehen sie denn auch an erster Stelle der eigentlichen Wettkämpfe (1. Tag: Opfer, olympischer Eid. 2. Tag: Knabenagone. 3. Tag: Pferde-

und Wagenrennen. 4. Tag: Opfer an Zeus. 5. Tag: die übrigen Wettkämpfe), genauso wie bei den Leichenspielen für Patroklos (Il. 23, 262 ff.). Demgegenüber bringt Xenophanes den Wettkampf mit Pferden nicht nur an letzter Stelle und verstößt in diesem einen Fall gegen die historische Abfolge, sondern nennt ihn überhaupt erst nachträglich. Doch ist die Ausdrucksabsicht, die ihn dabei leitete, für uns kaum eindeutig erkennbar. Will er sagen: »Sogar wenn er nur mit Pferden siegt« – wenn der Sieg also gar nicht sein Verdienst ist? In der Tat scheint als eigentlicher Sieger das Gespann, nicht der Lenker oder Besitzer gegolten zu haben. In älterer Zeit wird als Siegerstatue das Gespann ohne Lenker dargestellt: Der Sieger weiht sein siegreiches Instrument (Euagoras aus Sparta i. J. 548); der erste, der sich mit darstellen ließ, war ein gewisser Kleosthenes aus Epidamnos i. J. 516 (Paus. VI 10,6–8). Oder aber Xenophanes will einfach in möglichst krasser Weise der bei Homer gebotenen Reihenfolge und Rangordnung – (letztere spricht sich deutlich im Umfang der Schilderung aus: Dem Wagenrennen sind dort fast 400 Verse gewidmet, dem Lauf 58, dem Faustkampf 47) – widersprechen und sich auf diesem Wege auch noch einmal von den Wertschätzungen seiner Zeit distanzieren.

Πίσαο, in Vers 3 neben dem Landschaftsnamen Olympia und in Vers 21, meint einen Fluß oder Bach, allenfalls eine Quelle, nicht die Stadt oder Landschaft Pisa; von der Form des Genitivs, der den Nominativ Πίσης voraussetzt, abgesehen: Neben ῥοή und ὄχθη stehen im Genitiv keine Ortsnamen. Eine Quelle Πίσα in Olympia erwähnen Strabon 8, 31 (= C 356); Steph. Byz. v.; Eust. zu Dionys. Perieg. 409. Offenbar meinen Xenophanes und die späten Gewährsleute dasselbe Gewässer; daß dieses mit dem Alpheios zu identifizieren sei (so E. Meyer RE v. Pisa Sp. 1745f. und 1793), bleibt allerdings bloße Vermutung. Die offenkundigen Unsicherheiten haben übrigens ihre auffällige Parallele in der ebenfalls schon antiken Frage, wo denn der Ort Pisa zu lokalisieren sei. Hierzu s. Herrmann 47f.

6–10. Daß ein Sieg im Sportwettkampf durchaus auch

materiellen Gewinn bringen konnte, zeigen schon die Leichenspiele für Patroklos, wo Kessel, Dreifüße, Pferde, Maultiere, Rinder, Frauen, Eisen, Gold und silberne Gefäße als Preise genannt werden (Il. 23, 259–261. 269. 741). Hierauf geht Vers 9, wenn wir auch Art und Wert der Gaben, an die Xenophanes denkt, nicht bestimmen können. Immerhin wird von Solon berichtet, er habe die vom attischen Staat für einen Sieger bei den Isthmien auszuwerfende Summe auf 100 Drachmen, für einen Olympiasieger auf 500 Drachmen festgesetzt (Plut. Sol. 23,3; Diog. L. 1,55; Diod. Sic. IX 2,5); die vorher aufgewendete Summe und Solons Motive kennen wir nicht (nach Diog. L. hat Solon die Belohnungen beschränkt, da es geschmacklos sei, siegreiche Sportler mehr zu ehren als die, die im Kriege ihr Leben gegeben haben). Eine Drachme hatte seinerzeit den Wert eines Scheffels (= 52 l) Getreide, 5 Dr. den eines Rindes. Verdient daher die Nachricht Glauben, so ist der Wert der öffentlichen Belohnung außerordentlich und von Solon offensichtlich nicht willkürlich bestimmt: Er entspricht dem Mindestjahreseinkommen derer, die zur höchsten Vermögensklasse rechnen (»500-Scheffler«).

Speisung auf öffentliche Kosten (Vers 8), »Speisung im Prytaneion«, ist als eine Form besonderer Ehrung über ganz Griechenland verbreitet. Schon in der Ilias gilt es als Ehre, von Agamemnon zum Essen geladen zu werden. In historischer Zeit nehmen die mit der Speisung auf Gemeindekosten Geehrten im Stadthaus an der gemeinsamen Mahlzeit teil, die den Jahresbeamten, Prytanen und einigen anderen Funktionären für die Dauer ihrer Amtszeit gewährt wird. Die Ehrung konnte einmalig, lebenslänglich oder, wie in Athen z.B. für die Nachkommen der Tyrannenmörder, sogar erblich sein. Für Athen hatte Solon den Brauch neu geordnet, die Aufwendungen beschränkt, lebenslängliche Speisung abgeschafft und bestimmt, niemand dürfe diese Ehrung öfter als einmal empfangen (Plut. Sol. 24,5; Athen. 137e). Seiner Regelung war jedoch keine Dauer beschieden: Die Ausführungen bei Platon Apol. 36de und Plut. Arist. 27,3 (Kallisthenes FGrHist 124 F 48) zeigen ebenso wie IG I² 77 (etwa

425 v.Chr.), daß im 5. Jh. auch die Olympioniken diese Ehrung wieder lebenslänglich erhielten. In anderen Staaten werden die Entwicklung und die sie bestimmenden Motive ähnlich gewesen sein.

Die Prohedrie (Vers 7), nämlich das Recht, bei Versammlungen der verschiedensten Art in der ersten Reihe, gegebenenfalls auf besonderen Sitzen, Platz zu nehmen, stand den Inhabern bestimmter Ämter zu (so in Sparta den Königen: Hdt. VI 57,2 καὶ ἐν τοῖσι ἀγῶσι πᾶσι προεδρίας ἐξαιρέτους), wurde aber auch besonders verliehen (so Kroisos von den Delphern: Hdt. I 54). Unter den Agonen sind hier natürlich nicht die gemeingriechischen Sportwettkämpfe, sondern die sportlichen und kulturellen Veranstaltungen der Heimatgemeinde, die ebenfalls Wettkampfcharakter hatten, gemeint; in Athen also auch die dramatischen Aufführungen. Unter allen möglichen Formen öffentlicher Ehrung fiel diese vermutlich auf die Dauer am stärksten in die Augen (φανερήν).

Der Ruhm, der dem Sieger winkt und dessen materielle Vorteile in den Versen 7–9 genannt werden, wird in Vers 6 mit einem Wort bezeichnet, das ursprünglich nur auf Göttinnen angewendet wurde: κυδρός (Ausnahmen nur die Formel in Od. 15,26; ferner Ion fr. 27, 10 W.). In der Tat konnte ein Sieg in Olympia den Sieger über sterbliches Maß hinausheben: »Der olympische Ruhm blickt strahlend umher ... Wer dort siegt, hat für sein weiteres Leben honigsüße Heiterkeit« sagt Pindar i. J. 476 (Ol. 1,93). Und viel früher schon hatten die Phaiaken Odysseus zur Teilnahme am sportlichen Wettkampf aufgefordert mit den Worten: »Gibt es doch für einen Mann, solange er lebt, keinen größeren Ruhm als das, was er mit seinen Füßen ausrichtet und mit seinen Armen« (Od. 8,147). Seine Leistungen verherrlichten Dichter, wie Pindar, und Bildhauer und Erzgießer. Siegerstatuen werden errichtet in den Heimatstaaten – so für Kylon, den Sieger im Doppellauf 640, auf der Akropolis (Paus. I 28,1); für den Pankratiasten Arrhachion, Sieger der Jahre 572, 568 und 564, in Phigalia in Arkadien (Paus. VIII 40,1); vor allem aber dann am Ort ihres Triumphes, wo ihnen eine dauernde panhellenische Öffentlichkeit sicher war. Die ältesten für Olympia bezeugten Statuen gehören Siegern der Jahre 544 und 536 und waren noch aus Holz gefertigt (Paus. VI 18,7); eine angeblich ältere für einen Sieger des Jahres 628 ist sehr wahrscheinlich nachträglich errichtet worden (Paus. VI 15,8). Hier, vor den Statuen in Olympia, mußte den Zeitgenossen besonders deutlich werden, wie weit die erfolgreichen Athleten menschliche Grenzen hinter sich gelassen hatten: Standen doch ihre Statuen im selben Heiligtum zusammen mit denen der Götter. Für die Athleten aber wird, was einmal als Ausdruck ihrer Dankbarkeit gedacht war, mit der Zeit zur Demonstration ihres Selbstgefühls: Als in der zweiten Hälfte des 5. Jh.s üblich wird, unter die Statue den bloßen Namen ohne ἀνέθηκεν zu setzen, war aus der Weihung die Selbstdarstellung geworden.

Die politisch Mächtigen haben denn auch gewußt, was ein Sieg in Olympia für Renommee und Popularität bedeutet. Myron, dem Tyrannen von Sikyon, gelingt 648 ein Sieg im Wagenrennen; ebenso seinem Enkel Kleisthenes 572. Die ersten Athener, die im Wagenrennen siegen, gehören zu den großen und reichen Familien: Alkmaion 592, Kritias 564, Miltiades 560, Kimon 536 und 528. Aus Sizilien siegen Gelon 488 mit dem Viergespann, Hieron I zweimal mit dem Rennpferd (476 und 472), einmal mit dem Viergespann (468). Doch gibt es auch den umgekehrten Fall, daß der siegreiche Athlet sein neues Ansehen benutzt, nun auch politische Macht zu erringen: So sucht Kylon, Sieger im Doppellauf 640, durch einen Handstreich die Macht in Athen an sich zu bringen; Phrynon, Sieger im Pankration 636, ist vermutlich Führer eines attischen Unternehmens nach Sigeion um 600. Einige wenige Olympioniken erhalten sogar, aus unterschiedlichen Gründen, als Heroen kultische Verehrung: Oibotas von Dyme in Achaia (Sieger 754), Philippos von Kroton (etwa 520), Kleomedes von Astypalaia (492), Euthykles (488) und Euthymos (484, 476, 472) aus Lokroi, der Kreter Diognetos (488), Theogenes von Thasos (480 und 476). Und immerhin hat die antike Überlieferung auch uns noch die Namen von über 1000 Olympioniken bewahrt. – Neben dem schon genannten Olympia-Buch von H. V. Herrmann: H. Bengston, Die Olympischen Spiele in der Antike, 1971; A. Hönle, Olympia in der Politik der griechischen Staatenwelt, 1968; W. W. Hyde, Olympic Victor Monuments and Greek Athletic Art, Washington 1921; L. Moretti, Olympionikai (in: Atti della Accademia Nazionale dei Lincei, Serie ottava vol. VIII, 1959, 55–198); dsb., Klio 52, 1970, 295–303.

Wie in den Versen 10–11 die Gedanken von Xenophanes geführt sind, ist nicht eindeutig erkennbar. Sicher ist jedenfalls, daß das Prädikat οὐκ ἐὼν ἄξιος inhaltlich auf alle in 1–10 genannten Fälle geht. Doch ist gegenüber der im Text gegebenen Interpunktion und der Übersetzung grammatisch möglich auch eine Auffassung, die hinter ἵπποισιν stärker interpungiert; die zweite Hälfte von Vers 10 wäre dann ein zusammenfassender Neueinsatz: »Alles das würde er erhalten, er der doch ...« Mir scheint jedoch, daß der prädikative Ausdruck in Vers 11 nur dann sein Gewicht gewinnt, wenn er unerwartet kommt; ist das richtig, so gehören die Worte ταῦτά κε πάντα λάχοι noch in die kondizionale Periode der Verse 1–10.

11–12. Auf dem nachgestellten partizipialen Ausdruck liegt aller Nachdruck. Ansätze zu einer solchen Ausdrucksweise bietet schon das Epos mit seinen im Enjambement stehenden Partizipien und Adjektiven; etwa οὐλομένην Il. 1,2; νήπιοι, εἰδὼς αἰπὺν ὄλεθρον und δυσμόρῳ Od. 1,8. 37. 49. Was im epischen Sprachgebrauch fehlt, ist das Moment des Unerwarteten, Überraschenden, Provozierenden, wie es hier vorliegt. Denn tatsächlich erhalten die Verse 1–10 erst mit den kurzen Worten οὐκ ἐὼν ἄξιος ὥσπερ ἐγώ ihren bestimmten Sinn: Erst jetzt wird klar, daß die lange Periode auf eine Kritik hinausläuft – und daß sie nicht etwa die dem olympischen Erfolg winkenden Ehren vor Augen stellen will, um daran einen Appell zur Teilnahme zu knüpfen. Nachträglich erst in Vers 11 erkennt der Leser – und seinerzeit der Hörer –, daß die Verse 1–10 nicht einen Zustand geschildert haben, über dessen positive Bewertung Einverständnis besteht und der daher zu entsprechendem Verhalten motivieren kann und soll, sondern einen Zustand, der, da ungerechtfertigt, zu ändern ist.

Die Herausstellung der Person des Sprechers (ὥσπερ ἐγώ) wirkt herausfordernd und verlangt eine Erläuterung: die denn auch sogleich gegeben wird. Nicht der Sprecher als solcher, sein Stand und sein Herkommen, bildet den kritischen Bezugspunkt, sondern die von ihm vertretenen Fertigkeiten. Sie sind besser als die in Sportwettkämpfen bewiesenen Kräfte. Doch der Inhalt dieser Fertigkeiten und ihr Nutzen bleiben auch im folgenden unbestimmt und kommen allenfalls indirekt zur Sprache. Denn zwar ist σοφίη als Bezeichnung der Kunst des Dichters seinerzeit geläufig: Hes. fr. 306 MW; Sol. 13,52 W; Theogn. 770. 790. 942. Aber natürlich denkt Xenophanes nicht primär an eine formale Fähigkeit, sondern – wie Sol. 27,16 W und Heraklit VS 22 B 112 (σωφρονεῖν ἀρετὴ μεγίστη καὶ σοφίη ἀληθέα λέγειν καὶ ποιεῖν κατὰ φύσιν ἐπαΐοντα) – an das, was er als Dichter sachlich zu sagen hat: Wenn anders das Kriterium des öffentlichen Nutzens, wie er es im Vers 19 und 22 einführt, auch für ihn selbst gelten soll. – Zu σοφίη als Sammelbezeichnung für das formale Können des Dichters und sein sachliches Wissen B. Snell, Die Ausdrücke für den Begriff des Wissens in der vorplatonischen Philosophie, Berlin 1924, 1–19; Fr. Maier, Der ΣΟΦΟΣ-Begriff. Zur Bedeutung, Wertung und Rolle des Begriffs von Homer bis Euripides, Diss. München 1976, 39–43.

13–22. Die Verse 13–14 modifizieren die kritische und anspruchsvolle Aussage der Verse 11–12: Es gibt weder Grund noch Rechtfertigung für die gewohnheitsmäßige Hochschätzung körperlicher Kraft und Geschicklichkeit. Darauf wird in den Versen 15–22 eben dieses Urteil, die übliche Wertschätzung sei bare Willkür, begründet: Der allein akzeptable Grund für öffentliche Anerkennung sind Leistungen für die Öffentlichkeit, und an ihnen läßt es der Athlet fehlen.

13–14. ἀλλά respondiert dem μέν in Vers 1 (Denniston 5–7): Athleten werden zwar geehrt, aber sie verdienen es nicht. – εἰκῇ :»Wir wollen nicht willkürlich über die wichtigsten Dinge urteilen« (Heraklit VS 22 B 47 μὴ εἰκῇ περὶ τῶν μεγίστων συμβαλλώμεθα). – Zu ἀγαθός ›nützlich, wirksam, förderlich‹ als Attribut von σοφίη s. oben S. 98f zu F 1,24.

15–22. Episches οὐδὲ μέν in Vers 17 entspricht einem attischen οὐδὲ μήν (Denniston 362f.); für οὔτε ... οὔτε ... οὐδὲ μέν ... vgl. etwa Plat. Rep. 426b1 οὔτε φάρμακα οὔτε καύσεις οὔτε τομαὶ οὐδ' αὖ ἐπῳδαί.

μετείη ›unter ihnen sein‹ als einziges Prädikat der Verse 15–17 ist leicht zeugmatisch; denn für die Verse 16–17 gilt nur noch εἴη. Entsprechend ist ἀγαθός zunächst in Vers 15 attributiv, dann aber prädikativ zu verstehen. Für das Nebeneinander von abhängigem Infinitiv, Akkusativ und Dativ vgl. Il. 1,258; 15,641 f.

Der Sieg im Laufwettbewerb gilt »unter allen Kraftleistungen der Männer im Wettkampf« am meisten: Der Sieger im Stadionlauf, dem angeblich ältesten Wettkampf in Olympia, war später für die betreffende Olympiade eponym.

19. εὐνομίη wird durch die wenigen Belege aus älterer Zeit erläutert: Od. 17,487 (θεοὶ) ἀνθρώπων ὕβριν τε καὶ εὐνομίην ἐφορῶντες. Hes. Th. 901 (Zeus ehelicht) λιπαρὴν Θέμιν, ἣ τέκεν Ὥρας, Εὐνομίην τε Δίκην τε καὶ Εἰρήνην τεθαλυῖαν (womit vgl. Th. 226–232: Δυσνομίη unter den Kindern von Ἔρις und Πόνος). Sol. 4,30ff. W ταῦτα διδάξαι θυμὸς Ἀθηναίους με κελεύει, ὡς κακὰ πλεῖστα πόλει Δυσνομίη παρέχει· Εὐνομίη δ' εὔκοσμα καὶ ἄρτια πάντ' ἀποφαίνει ... Hom. hym. 30 11 αὐτοὶ δ' εὐνομίῃσι πόλιν κάτα καλλιγύναικα κοιρανέουσ', ὄλβος δὲ πολὺς καὶ πλοῦτος ὀπηδεῖ. Alkm. 64P. Das Wort, das seit Solon so etwas wie ein politisches Programmwort geworden war, bezeichnet primär nicht einen gesetzlich wohlgeordneten Zustand, sondern Verhältnisse, die durch die Geltung richtiger Anschauungen bestimmt sind, wo keine Willkür herrscht und insofern »alles in Ordnung« ist und gedeiht. Vgl. auch Arist. Pol. 1294a1–7. – V. Ehrenberg, Die Rechtsidee im frühen Griechentum, Leipzig 1921, 84; F. Heinimann, Nomos und Physis, Basel 1945, 64 und 70.

22. Geltung und Wertschätzung der Athleten bewirken genau das nicht, was die Menschen üblicherweise wünschen und von den Göttern erbitten: βίοτος (hym. Dem. 494; hym. 30,18; 31,17)), ὄλβος (Od. 6,188; hym. 15,9; 20,8; Sol. 13,3ff. W), πλοῦτος (Theogn. 885); θεοὶ δέ τοι ὄλβια δοῖεν (Od. 7, 148; 8, 413; 24, 402; hym. Apol. 466). Insofern ist ihr Verhalten, wie die Drastik (οὐ πιαίνει ›macht nicht fett‹) der lakonischen Formulierung zum Ausdruck bringt, ungereimt und steht im Widerspruch zu ihren eigentlichen Intentionen. Wäre gesichert, daß die Elegie mit Vers 22 endete, so wäre dieser Schluß durchaus als sarkastische Bezugnahme auf den stereotypen Schlußwunsch nach materiellem Wohlergehen zu verstehen.

19–22. Wenn der Jubel über den Sieg eines Landsmanns verklungen ist, steht es um die innere Ordnung des Gemeinwesens nicht besser als vorher. Wie sich auch der materielle Wohlstand auf diese Weise nicht gefördert sieht. Beides aber, εὐνομίη und ὄλβος, sind die einzigen Gesichtspunkte, von denen sich die Bürger in ihren gemeinsamen Reaktionen sollten leiten lassen. Dabei ist, wie das zu Vers 19 und 22 Gesagte zeigt, die Betonung des Gemeinwohls bei Xenophanes keine revolutionäre Neuerung, sondern eher die Folge eines neuen Ernstnehmens traditioneller Begriffe und Wünsche. Neu ist allenfalls die radikale Beschränkung auf etwas, das allein als wichtig gelten soll. Die Entschlossenheit, mit der hier das für die Gesamtheit Förderliche zum einzigen Kriterium gemacht wird, hat ihre Parallele in F 1,23 (dazu oben S. 97).

Damit ist nun allerdings der eigene Anspruch, wie er in den Versen 11–14 zur Sprache gekommen war, immer noch nicht erläutert. Denn zwar ist die Kritik am Athletentum und seiner Wertschätzung nicht neu; hier hat Xenophanes in Tyrtaios 12 W (dazu einerseits W. Jaeger, Scripta minora II, Rom 1960, 84–104; andererseits Fränkel, Dicht. u. Philos.[2] 384––386) und möglicherweise auch in Solon (dazu oben S. 103) Vorgänger (und natürlich hat er auch Nachfolger: Euripides fr. 282 N; Isokrates 4,1–2). Doch während Tyrtaios und Solon die Leistungen der Sportler an denen der Soldaten messen, weist Xenophanes auf sich selbst und sein Wissen. Begründet aber wird diese Beurteilung, wenn überhaupt, dann nur in negativer Weise: Mit dem Hinweis darauf, daß die Athleten genau das nicht leisten, was für die Gemeinschaft allein wichtig ist. Wenn wir daher auf die Annahme verzichten, die Rechtfertigung des eigenen Anspruchs, d.h. die inhaltliche Erläuterung seiner σοφίη, sei in Versen gegeben worden, die uns nicht erhalten sind, und wenn wir ferner annehmen, Xenophanes habe nicht *nur* provozieren wollen, so bleibt nur die Folgerung, er habe implizite behaupten wollen, daß er – mit eben dieser Kritik an bestehenden Verhältnissen? Mit seiner Dichtung überhaupt? – für die Gemeinschaft gerade das leiste, was bei den Sportlern vermißt werde: Förderung des öffentlichen Wohlergehens (εὐνομίη und ὄλβος). Anspruchsvolle Töne hören wir in der frühgriechischen Literatur auch sonst, und es sind nicht die schlechtesten Köpfe, die sich so vernehmen lassen (etwa hym. Apol. 166–173; Heraklit VS 22 B 1 und 40; Hekataios FGrHist 1 F 1; Empedokles VS 31 B 112, 4–8). Doch einen Anspruch, wie wir ihn hier bei Xenophanes zu hören meinen, erhebt tatsächlich erst wieder der platonische Sokrates (Apol. 36d).

3

Textkritik. Die Korrekturen in den Versen 2, 5 und 6 sind evident, die in Vers 1 wird durch den bei Athenaios (Phylarchos) gebotenen Kontext, namentlich durch τρυφή, gesichert. – Kaum zu entscheiden ist die richtige Form des Verbs in Vers 3. In den Handschriften begegnet tatsächlich öfter die Form ἦεσαν oder ἤιεσαν; so durchweg Hdt. I 80,5; 158,2; 191,4; in einem Teil der Handschriften III 77,3; IV 125,3; V 92η3; 108,2; VII 210,2; 211,1; 223,2; VIII 130,2; IX 5,3; 70,2; ferner Thuk. II 3,4 (codd.; aber ἤισαν ein Papyros 2.Jh.); Plat. rep. 387a (Zitat von Od. 24,9); Demosth. 59,48; Aischin. 2,111; 3,76; Aristot. AP 32,1; Phylarchos FGHist

81 F 66; Act. Apost. 17,10. 15. Das älteste Zeugnis für die unepische Form ist also der Aristoteles-Papyros 1. Jh. n. Chr. Das Epos hat ἤισαν Il. 10,197; 13,305; 17,495; Od. 11,233; 19,436; 20,7; 24,9. 13, wo äußerst selten ἤεσαν varia lectio; nur h. Aphr. 72 hat einhellig ἤεσ(σ)αν. Die Form wird Analogiebildung zu ἤδεσαν sein, nahegelegt auch durch den Wechsel zwischen der zwei- und dreisilbigen Form 3. Sing. (ἤε Il. 12,371; insgesamt 5 Belege; ἤιε Il. 1,47; 19 Belege). Schwyzer-Debrunner I 674; West, Studies 84. – In Vers 5 wird das Hapaxlegomenon, das Wilamowitz angesichts des vom Kontext (Theopomp) gebotenen ἀστυπολεῖν durch ein sonst nicht belegtes ἀστυπόλοι ersetzen wollte, durch Hesych αὐχαλέοι· σεμνοί gestützt. – Für seinen Vorschlag ἀγάλμενοι hat Wilamowitz neben epischem ὄρμενος Il. 11,326 etc. und δέγμενος Il. 2,794 etc. auf die künstliche Analogiebildung ἀρχμενος bei Kallimachos (7,25 Pf.; 75,56; hymn. 3,4) verwiesen. Doch angesichts epischer Synizesen wie Ἐνυαλίῳ ἀνδρειφόντῃ (Il. 2,651; 8,166; 9,264; 17,259), μέλλω, ἐπεὶ οὐδ' Il. 13,777 (Od. 4,352; 11,249; 19, 314; 20,227), ἀσβέστῳ· οὐδ' Il. 17,89 (s. ferner J. van Leeuwen, Enchiridium dictionis epicae,[2] 1918, p. 69; West, Studies 85 f.) war für Xenophanes in Anlehnung an epische Diktion (von 11 epischen Belegen für das Partizip stehen 8 an dieser Position) auch ἀγαλλόμενοι εὐπρεπέεσιν möglich; was später dann elidiert geschrieben wurde.

Erläuterungen. Das Fragment mag, wie F 1 und 2, zur Gelagepoesie gehören oder aber aus einer historischen Dichtung stammen; immerhin werden eine ›Gründung Kolophons‹ und eine ›Kolonisation Eleas‹ erwähnt (FGHist 450). Historische Dichtung aus früher Zeit kennt die Überlieferung auch sonst. ›Korinthiaka‹, die dem Eumelos von Korinth zugeschrieben werden, gehören noch ins 7. Jh. (FGHist 451). Ebenso Mimnermos von Smyrna, der in elegischem Vers eine ›Smyrneis‹ verfaßt und vom Kampf Smyrnas gegen Gyges und die Lyder gehandelt hat (FGHist 578). Um 600 soll Semonides von Samos eine Geschichte dieser Insel gegeben haben (FGHist 534), um 500 Panyassis von Halikarnass eine

Geschichte der jonischen Kolonisation (FGHist 440), beide offenbar ebenfalls im elegischen Vers.

Die ›nutzlosen Feinheiten‹, in Vers 1 beherrschendes Stichwort, zeigen sich konkret in purpurnen Gewändern, auffälliger Haartracht, duftenden Salben. Die genannten Erscheinungen sind und galten als typisch für jene Zivilisation, die sich etwa ab 600 in den griechischen Städten Kleinasiens unter lydischem Einfluß entwickelt hatte.

Wortbildungen mit ἁβρο- ›zart, weich, fein‹ finden sich etwa ab 600. Stesichoros, Sappho, Alkaios, Semonides, Solon bieten die ältesten Belege, in denen durchweg eine positive Wertung zum Ausdruck kommt (Im Weiberjambos des Semonides 7,57 W, der scheinbaren Ausnahme, kommt der negative Ton aus dem Kontext; Erscheinung und Leistung stimmen nicht zusammen: Eine Frau, die vom ἵππος ἁβρὴ χαιτέεσσι abstammt, ist nutzlos und paßt nur für einen Tyrannen(!)). Als typische Vertreter dieses gepflegten Lebensstils galten die Lyder. Vom ἁβροδιαίτων Λυδῶν ὄχλος spricht Aischylos Pers. 41. Nach Herodot haben die Perser Üppigkeit und Wohlleben erst von den Lydern gelernt (I 71,4 Πέρῃσι γάρ, πρὶν Λυδοὺς καταστρέψασθαι, ἦν οὔτε ἁβρὸν οὔτε ἀγαθὸν οὐδέν). Ein delphisches Orakel nennt Kroisos (560–547) Λυδὲ ποδαβρέ (Hdt. I 55).

Purpurne Kleidung war seinerzeit, wie Theopomp bemerkt, selbst für Könige selten und begehrt. Bei seinem großen Opfer zu Ehren des delphischen Gottes verbrennt Kroisos neben Gold und Silber auch purpurne Kleider (Hdt. I 50,1). Als die kleinasiatischen Griechen nach dem Sturz des Kroisos (i.J. 547) mit einem persischen Angriff auf ihre Städte rechnen und die Spartaner um Hilfe bitten, kleidet sich ihr Wortführer, bevor er in Sparta auftritt, in ein purpurnes Gewand, um so möglichst viele Hörer anzulocken (Hdt. I 152,1).

Neben unserer Stelle ist ältester Beleg für die neuere Wortbildung ἁλουργής Aischylos Ag. 946. Die ältere Bezeichnung für ›pupurn‹ ist πορφύρεος (z.B. Il. 8,221; 24,796). Daneben kennt auch das Epos schon ἁλιπόρφυρος (Od. 6,53.306; 13,108); ein Wort, das offenbar den echten, aus der gleichnamigen Muschel gewonnenen Purpur unterscheiden soll vom nachgemachten, aus Kräutern bereiteten (s. H. Blümner, Technologie und Terminologie der Gewerbe und Künste bei Griechen und Römern ²I, Leipzig 1912, 234; unbefriedigend E. Risch, Wortbildung der homerischen Sprache, Berlin ²1974, § 80a). Analog dazu wurde ἁλουργής mit einer in ῥέζειν ›färben‹ noch kenntlichen Wurzel neu gebildet (s. auch W. Schulze, Quaestiones Epicae, 1892, p. 498 n. 4).

Als Zeichen feinerer Lebensart galt ebenfalls üppige Haartracht. Der Historiker Duris bezeugt sie für die Samier dieser Zeit und bringt als Beweis ein paar Verse des Epikers Asios (FGHist 76 F 60; dazu Bowra, Margins 122–133). Ein gewisser Pythagoras aus Samos, olympischer Sieger im Boxkampf 588, erregte Aufsehen, als er im langen Haar und Purpurkleid auftrat (Duris 76 F 62; Eratosthenes 241 F 11; Favorin F 27 Mensching). Der Dichter Magnes aus Smyrna, in Purpur gekleidet und das lange Haar in goldenen Ringen gefaßt, soll sein Glück auch am lydischen Hof gemacht haben (Nikolaos Dam. FGHist 90 F 62). Und als besonders extravagant galten Aufputz und Haartracht der oligarchischen Tyrannen von Erythrai (Hippias von Erythrai FGHist 421 F 1).

›Königliches‹ (Parfüm sc.) schließlich ist der Name einer duftenden Salbe, die für Sappho offenbar von besonderer Qualität ist (94,20 LP). Als Erläuterung dieses Namens kann dienen, was Athenaios zu einem Ausdruck des Tragikers Ion (TrGF 19 F 24 Snell) bemerkt: ἐν τούτοις Σαρδιανὸν κόσμον εἴρηκε τὸ μύρον, ἐπεὶ διαβόητοι ἐπὶ ἡδυπαθείᾳ οἱ Λυδοί (690 b).

Offensichtlich bringt die Beschreibung, die Xenophanes von seinen Landsleuten gibt, keine Übertreibung, sondern nur, was seinerzeit in bestimmten Kreisen als fein galt. Der kritische Ton ist allerdings unüberhörbar. Nutzlos ist, worauf sie so viel Wert legen; und dabei sollten sie wahrhaftig anderes im Sinne haben. An wen und welche Umstände denkt Xenophanes?

Die Zahlangabe in Vers 4 könnte auf eine fest umrissene Gruppe deuten. Und in der Tat ist eine regierende Klasse der

›Tausend‹ mehrfach bezeugt: So im Westen für Lokroi (Polyb. XII 16, 10–11; cf. IG IX 1, 334.49), Kroton (Jamblich V. Pyth. 45 und 260), Rhegion (Herakleides Lembos [RE v. Herakleides 51 Sp. 490 f.]: Aristot. fr. 611,55 Rose = Müller FHG II 219) und Akragas (Timaios FGHist 566 F 2), in Kleinasien für Kyme (Herakleides L.: 611,39 = FHG II 217). Anderswo beschränken sich die Regierenden in ähnlicher Weise (Busolt-Swoboda I 354 ff.). Doch hätte Xenophanes die Tausend wirklich als Institution gemeint, so hätte er schwerlich ›nicht weniger als‹ gesagt, sondern den Artikel gesetzt, und vor allem hätte er nicht ›in der Regel, durchschnittlich‹ hinzufügen können. – ἐπίπαν, τὸ ἐπίπαν und ὡς τὸ ἐπίπαν in diesem Sinne häufig bei Herodot; Aischylos Pers. 42, Hik. 822; Thuk. II 51,1; V 68,3. – ὥσπερ beim Komparativ Kühner-Gerth II 304 Anm. 5; Schwyzer-Debrunner II 565.

Gemeint sind vielmehr die Angehörigen der reichen und tonangebenden Familien, »aufs Ganze gesehen nicht weniger als 1000«, die glaubten, die Raffinessen ihres aus Lydien importierten Lebensstils zur Schau stellen zu sollen. Und sie tun das nicht dort, wo sie unter sich sind, im beschließenden Gremium der Gemeinde, sondern auf dem Marktplatz. ἀγορή meint dementsprechend nicht, wie öfter im Epos und gelegentlich auch noch bei Herodot (VI 11,1), die Versammlung als Verfassungsorgan, sondern den für die griechische Stadt typischen Ort der Öffentlichkeit. Diese Leute demonstrieren ihre Möglichkeiten und ihren Stil provozierend (αὐχαλέοι) vor jenen, die nicht dazugehören.

Der Gedanke, daß Hybris eines einzelnen oder einer Gruppe zum Untergang der Stadt führt, ist mindestens so alt wie Hesiod (Op. 238–241). Daß Unmäßigkeit und Arroganz der Reichen die Einheit der Bürgerschaft zerstören, beschreibt Solon 4,4–22 W. Das unverschämte Zurschaustellen von Reichtum gebiert Gegensätze und Parteiungen, in denen die Tyrannis entstehen kann: Den Tyrannen als Zügler der Hybris nennt Theognis 39–52.

τυραννίη. »Tyrann ist, wer ohne Verankerung im Nomos

und ohne Bindung an ihn gegen den Willen der Bürger eigenmächtig und zu eigenem Nutzen die Herrschaft ausübt« (Berve). Theognis an der eben erwähnten Stelle spricht von μούναρχοι, nicht τύραννοι. Das Fremdwort aus der kleinasiatischen Kultursphäre begegnet seit Archil. 19,3 W; Alkaios 348 LP; Solon 9,3; 32,2; 33,6; 34,7.

Die Hybris der reichen Kolophonier war später sprichwörtlich: Κολοφωνία ὕβρις· ἐπὶ τῶν πλουσίων καὶ ὑβριστῶν. τοιοῦτοι γὰρ οἱ Κολοφώνιοι (Diogen. V 79; Apostol. IX 94); oder die ähnliche Erläuterung: ἐπὶ τῶν διὰ πλοῦτον ὑβρίζειν ἐπαιρομένων (Macar. V 24). Damit ist die historische Situation deutlich, aus der heraus das Fragment zu verstehen ist.

Machtpolitische Ereignisse als Folge moralischer und innenpolitischer Zustände zu deuten ist später geläufig. Gerade das Schicksal der kleinasiatischen Städte mußte sich für ein solches Erklärungsmodell anbieten; für Autoren wie Herakleides Pont. (57 Wehrli) hat es denn auch lediglich noch den Wert eines Exempels. Anders bei den betroffenen Zeitgenossen, die sich an der Aufgabe versuchen, die eigenen Erfahrungen und damit die historischen Ereignisse, deren Opfer sie geworden waren, rational zu begreifen. So hat als Folge sozialer Zustände vielleicht schon Kallinos (3W) die Zerstörung Magnesias durch die Trerer in der Mitte des 7. Jh.s gedeutet: Ein Ereignis, dessen Echo wir bei Archilochos (20W κλαίω τὰ Θασίων, οὐ τὰ Μαγνήτων κακά) und Theognis (603 τοιάδε καὶ Μάγνητας ἀπώλεσεν ἔργα καὶ ὕβρις, οἷα τὰ νῦν ἱερὴν τήνδε πόλιν κατέχει) hören. Etwa ein halbes Jahrhundert später liegt die Eroberung Smynas (Hdt. I 14,4; 16) durch Alyattes (etwa 607–560); und abermals 50 Jahre später gehört zu den Städten, die nach dem Sturz des Kroisos (547) von Kyros bzw. seinem Statthalter Harpagos erobert werden (in den Jahren 546–544), auch Kolophon. Die zeitgenössische Deutung dieser exemplarischen Katastrophen gibt Theognis 1103:

ὕβρις καὶ Μάγνητας ἀπώλεσε καὶ Κολοφῶνα
    καὶ Σμύρνην· πάντως Κύρνε καὶ ὑμμ᾽ ἀπολεῖ.

Mit anderen hatte damals, »als der Perser kam«, auch Xenophanes (F 22) seine Vaterstadt Kolophon verlassen. In der Rückschau wird für ihn das Unglück, das er aus seinen Erfahrungen heraus zu deuten sucht, zum zwangsläufigen Ergebnis einer fatalen Entwicklung, in der neben außengerade auch innenpolitische Faktoren eine Rolle gespielt haben: Auf eine Periode der Einfachheit und Unabhängigkeit – (dem Wortlaut Phylarchs liegen zweifellos Formulierungen des Dichters zugrunde) – folgt eine Zeit, da Kolophon sich unter dem Zwang machtpolitischer Umstände dem lydischen Einfluß öffnet. Wachsender Luxus und die Arroganz, mit der gewisse Kreise ihren Wohlstand und Lebensstil zur Schau stellen, schaffen in der Stadt Unfrieden und Parteiungen, die schließlich, wie auch andernorts, in einer Tyrannis enden. In dieser Verfassung aber war die gespaltene Bürgerschaft zu einem Widerstand gegen die plötzliche Bedrohung durch die Perser nicht mehr in der Lage.

Neben Bowra, Margins 109–121, zu einigen hier angeschnittenen Fragen besonders: H. Berve, Die Tyrannis bei den Griechen I, München 1967, 3–13 und 97f.; G.M.A. Hanfmann, Sardis und Lydien, (Abh. Akad. Mainz) 1960, 513–527; H. Kaletsch, Zur lydischen Chronologie, Historia 7, 1958, 1–47.

5

Textkritik. Für die Kontraktion in der Konjektur ἐγχέας s. West, Studies 82. – Wilamowitz wollte metri c. ὑφ᾽ ὕδωρ; doch angesichts zahlreicher Belege für Längung des υ in Arsis (z.B. Il. 15,37) scheint Xenophanes sich dasselbe auch in Thesis erlaubt zu haben; wie h.Dem. 381, Batrach. 97 und später Apol. R. 4,290. W. Schulze, Quaestiones Epicae 438 bis 440; West, Studies 116.

Erläuterungen. Die Verse verweisen auf einen Usus, gegen den niemand verstößt. Im Rahmen einer Kritik, die Xenophanes an irgendeiner Verhaltensweise übt, appellieren sie an die Vernunft: Nicht so, sondern anders muß man handeln, wie auch niemand das Wasser auf den Wein, sondern jeder den Wein auf das Wasser gießt.

Kurioserweise war, was Xenophanes hier als abwegig betrachtet, schon 200 Jahre später zur Zeit Theophrasts die Regel. – Zum Mischen selbst s. S. 92 zu F 1,8.

6

Textkritik. Athenaios zitiert die Verse neben anderen Belegen dafür, daß man sowohl κωλῆνα als auch κωλῆν sagt. – Schwyzer I 599 betrachtet ἀοιδάων als Masculinum, wofür nichts spricht; s. auch Hesych ἀοιδάων· ᾠδῶν φωνῶν. – Die in C nachgetragene Schreibung könnte richtig sein.

Erläuterung. Die Verse begründen eine Aussage, die nicht mit überliefert und auch nicht rekonstruierbar ist. Angeredet wird jemand, dessen Leistung und Verdienst die hohe Selbsteinschätzung und die Achtung, die ihm gezollt wird, nach Xenophanes nicht rechtfertigen. »Du hast für die Ausrichtung einer gemeinsamen Feier nur einen geringen Beitrag geleistet, doch dann beim Essen die beste Portion erhalten – wie es sich gehört für jemanden, der gerühmt werden wird, solange griechische Dichter singen.« Um beurteilen zu können, ob das gemeinsame Festessen konkret oder nur fingiert, ob die Kritik bitter ernst oder eher humorvoll ist und wie es um die Behauptung künftigen Ruhmes steht, müßten Kontext und Angeredeter bekannt sein; daß – wie man im Blick auf Plutarch fr. 40 Sandbach (= VS 21 A 22) und Schol. Aristoph. Pac. 697 (=VS 21 B 21) gedacht hat – Simonides oder jedenfalls ein Dichter gemeint sei, bleibt jedoch bloße Vermutung.

Bezug genommen wird auf die Institution des Eranos: eine gemeinsame Mahlzeit, zu der jeder beiträgt (Od. 1,226 –8; 4,621–4). – Anders als noch am Hofe des Menelaos (Od. 4 a.O.) bringt man jetzt den eigenen Beitrag nicht selbst mit, sondern läßt ihn bringen, ›schickt‹ ihn. Für diesen Sprachgebrauch s. auch Rhianos 75,3 Powell. – Die Überzeugung, daß Ruhm oder auch Schande unter den künftigen Geschlechtern fortleben im Lied, gehört zu den Grundgegebenheiten des im Epos sich aussprechenden Lebensgefühls (Il. 6,357 ὡς καὶ ὀπίσσω ἀνθρώποισι πελώμεθ' ἀοίδιμοι ἐσσομένοισι. Od. 3,203 καί οἱ Ἀχαιοὶ οἴσουσι κλέος εὐρὺ καὶ ἐσσομένοισι ἀοιδήν. 8,580 ἵνα ᾖσι καὶ ἐσσομένοισιν ἀοιδή. 24,196–201) und wird später besonders von Pindar vertreten: H.Maehler, Die Auffassung des Dichterberufs im frühen Griechentum bis zur Zeit Pindars. Göttingen 1963.

7

Textkritik. Diogenes, aus dem Anth. Pal. und Suda zitieren, bringt zur Kennzeichnung seiner Quelle auch den Anfangsvers: Offensichtlich hat ihm oder seinem Gewährsmann die Elegie noch vollständig vorgelegen. Also beruht das Urteil, Pythagoras bzw. seine Lehre sei gemeint, auf Kenntnis des Zusammenhangs. – Zur Schreibung ἐποικτῖραι s. Schwyzer-Debrunner I 184.

Erläuterung. Die Verse sind für uns die älteste Erwähnung des Pythagoras. – Weitere frühe, d.h. vorplatonische Zeugnisse sind: Heraklit VS 22 B 40 (πολυμαθίη νόον ἔχειν οὐ διδάσκει. Ἡσίοδον γὰρ ἂν ἐδίδαξε καὶ Πυθαγόρην αὐτίς τε Ξενοφάνεά τε καὶ Ἑκαταῖον), B 81 (Πυθαγόρης κοπίδων ἐστὶν ἀρχηγός), B 129 (Πυθαγόρης Μνησάρχου ἱστορίην ἤσκησεν ἀνθρώπων μάλιστα πάντων καὶ ἐκλεξάμενος ταύτας τὰς συγγραφὰς ἐποιήσατο ἑαυτοῦ σοφίην, πολυμαθίην, κακοτεχνίην); Empedokles VS 31 B 129; Herodot II 81, IV 95f. (+ Hellanikos FGHist 4 F 73); Ion von Chios VS 36 B 2 (= F GHist392F25), B4 (Duris von Samos FGHist76F22); Diog.L. 9,38 (Glaukos von Rhegion und Demokrit); Isokrates 11,28f.

Pythagoras, Sohn des Mnesarchos, aus Samos, geb. etwa 570/60, wanderte um 530 aus nach Unteritalien. Zuerst in

Kroton, dann in Metapont, Tarent, Paestum (= Posidonia) und Lokroi bildete sich um ihn eine – nach unseren Begriffen – wohl eher religiös als philosophisch bestimmte Gemeinschaft, deren Mitglieder strenge Regeln zu befolgen hatten (z. B. kein Fleisch- und Bohnengenuß). In den genannten Städten waren die Pythagoreer zeitweilig auch politisch von Einfluß. Pythagoras soll Kroton – wie es heißt, wegen politischer Unruhen – gegen 490 verlassen haben. Gestorben ist er in Metapont, vermutlich um 480.

Die Faszination, die von ihm ausging, wird gespiegelt von den Legenden, die sich schnell an seine Person hefteten. Doch schon zu Lebzeiten scheint er von seinen Anhängern wie ein Gott verehrt worden zu sein. Und er selbst hat sich offenbar im Besitz übermenschlicher Kräfte gewußt. Züge eines Wanderpredigers und Wunder wirkenden Reinigungspriesters sind an ihm, der zwischen den Zeiten steht, unübersehbar. Doch hat er in seiner Gefolgschaft jedenfalls geistige Kräfte zu entbinden vermocht, die gerade auch auf Rationalität drängten und so nicht nur zu Zahlenmystik und astronomischer Spekulation, sondern auch zu dem geführt haben, was auch heute noch Mathematik genannt wird.

Von Pythagoras und seinen zeitgenössischen Anhängern gibt es nichts Geschriebenes. Die ältesten Äußerungen über ihn stammen von Autoren, die nicht dazugehörten; und deren Stimmen sind kritisch (Heraklit: »Pythagoras Anführer der Schwindler«).

Als bezeugt für Pythagoras selbst darf die Lehre von der Seelenwanderung gelten und damit, sofern die Seele von einem Lebewesen in ein anderes wandert, auch ihrer Unsterblichkeit. Diese Lehre, ernstgenommen und weitergedacht, führt offenbar zu sehr verschiedenartigen Folgerungen; und entsprechend mannigfaltig sind die Fragen, die sie aufwirft. Nach welchen Gesetzen vollzieht sich die Wiederverkörperung? Herrscht ein stetiger Kreislauf? Oder gibt es, wie Belohnung und Strafe, so ein Auf und Ab? Haben nur Auserwählte wie Pythagoras die Fähigkeit, sich an Erfahrungen früherer Leben zu erinnern? Und überhaupt: Ist ›Seele‹ hier jene

Kraft, die allen Lebewesen, sofern sie lebendig sind, in gleichem Maße zukommt? Oder ist sie im Unterschied zum Körper das Wesen der Person? Daß der Ordensstifter diese und ähnliche Fragen, die aus seiner Lehre entwickelt werden können, sämtlich schon selbst gesehen und auf sie gar eine eindeutige Antwort gegeben hätte, wird man nicht annehmen dürfen.

Die vier Verse des Xenophanes zeigen, wie die Lehre der Seelenwanderung auf den Außenstehenden, den Nichteingeweihten seinerzeit wirken konnte. Nicht jeder sah sich in der Lage, dem Schwung dieses spekulativen Entwurfs zu folgen, der eine alles Lebendige verbindende Kraft immerhin erahnen ließ und dem Nachdenken über Welt und Ich, über Materie und Geist neue Wege eröffnete; und wer sich statt dessen lieber an einfache, gewissermaßen handgreifliche Konsequenzen hielt, die auf dem Boden alltäglicher Erfahrung immerhin als möglich gelten mußten, für den war eine solche Lehre in der Tat abwegig. Auf welchen Eindruck die vier Verse denn auch abzielen. Dabei wird die Kritik in ihnen nicht direkt ausgesprochen, sondern in Form einer Geschichte aus dem Leben des Pythagoras eher beiläufig angeboten; einer Geschichte zudem, für deren Wahrheit nicht Xenophanes selbst, sondern seine Gewährsleute bürgen (φασίν). In der harmlosen Rolle dessen, der, wie er vorgibt, nur wiederholt, was andere berichtet haben, gelingt es Xenophanes, die Lehre aus ihr selbst heraus lächerlich zu machen.

νῦν αὖτ' ist zwar Anfang der Elegie, verweist als solcher aber – vergleichbar dem identischen Anfang der ›Epigonoi‹ (wozu die Parodie bei Aristophanes Pax 1270) – auf die Existenz anderer Elegien des Xenophanes. Dazu s. auch S. 91 f. zum Anfang von F 1. – λόγος ›Thema‹: s. oben S. 93 zu F 1,14. – στυφελίζειν meint im Epos nicht das Schlagen eines Tieres, sondern die schimpfliche Behandlung eines Unterlegenen oder Fremden (Il. 1,581; 21, 512; 22, 496; Od. 17,234; 18, 416; 20, 324). – Das im Epos zahlreich belegte φασίν ›es heißt, man sagt‹ (etwa Il. 2,783; 4,375; 20,206; Od. 1,220; 3,212) wird von Xenophanes benutzt, um die fiktive, vermutlich von ihm selbst erfundene Geschichte abzusichern und damit den Kritiker zu entlasten. – Zu ψυχή als Organ individueller Regungen, Empfindungen und Gedanken und damit als Bezeichnung der Person s. Snell, Entdeckung[4] 25 mit Anm. 42.

Zu ›Pythagoras‹ s. RE v. Pythagoras Sp. 171–209 (K. von Fritz); v. Pythagoreer, Pythagoreismus Sp. 209-268 (K. von Fritz); v. Pythagoreische Wissenschaft Sp. 277-300 (B.L. van der Waerden); W. Burkert, Weisheit und Wissenschaft, Nürnberg 1962, 86–142.

8

Die vier Verse, deren Kontext unbekannt ist, spielen eine wichtige Rolle bei dem Versuch, die Lebenszeit des Verfassers zu bestimmen. Als Xenophanes die Heimat verließ und sein Wanderleben begann, war er 25 Jahre alt; inzwischen sind weitere 67 Jahre vergangen. Wann hat er Kolophon verlassen? Auf welches Jahr verweist τότε?

Wenn in F 22 die Frage »Wie alt warst du, als der Meder kam?« sich auf dasselbe Datum bezieht, dann kann τότε nur die Eroberung der kleinasiatischen Griechenstädte durch Harpagos in den Jahren 546–544 meinen. Doch eine solche Kombination der beiden Äußerungen ist nicht über jeden Zweifel erhaben. Sicher ist aber, daß τότε nicht ein bloßes historisches Datum, sondern ein tief in das Leben eingreifendes Ereignis meint, daß Xenophanes also nicht aus freien Stücken, sondern unter dem Druck der Verhältnisse seine Vaterstadt verlassen hat. Dafür spricht der Wortlaut unserer Verse (besonders βληστρίζω) ebenso wie F 3; und die Emigration wird denn auch ausdrücklich bezeugt (Diog. L. 9,18 ἐκπεσὼν τῆς πατρίδος). Dann aber muß das entscheidende Ereignis, das Xenophanes hinaustrieb, entweder die Eroberung Kolophons durch Harpagos oder aber die offenbar einige Jahre vorher in Kolophon installierte Tyrannis (s. oben S. 116 zu F 3) gewesen sein. Xenophanes wäre demnach 570 oder etwas früher geboren; letzteres würde mit Apollodors Datierung (FGHist 244 F 68 b) übereinstimmen, der die Akme auf 540–537, die Geburt also auf 580–577 gesetzt hat, und wäre auch mit der Angabe des Timaios (FGHist 566 F 133; dazu Plut.mor. 175c) vereinbar, daß Xenophanes bis in die Zeit Hierons von Syrakus, der 478 zur Regierung kam, gelebt habe. In der Tat soll er über hundert Jahre alt geworden sein (Censor. 15,3).

Zur so erschlossenen Lebenszeit stimmen die ältesten philosophiegeschichtlichen Äußerungen, die Xenophanes vor Parmenides datieren: Platon Soph. 242 d4–5, Aristoteles Met. 986 b18–23, Theophrast Phys. Op. 5 und 6 (Dox.Gr. 480 und 482). Dazu stimmen aber auch die Namen derer, auf die Xenophanes polemisch Bezug nimmt (Diog. L. 9,18): neben Hesiod und Homer (F 11) Thales (Eudemos fr. 144 Wehrli; Plut. fr. 179,4 Sandbach), Pythagoras (F 7), Epimenides (Diog. L. 1,111), Simonides (Schol. Aristoph. Pac. 697; Chamaileon fr. 33 Wehrli); alles Namen aus der geistigen Welt um die Wende vom 6. zum 5. Jh. Dazu stimmt schließlich auch, daß sich die frühesten Reaktionen auf Xenophanes bei Heraklit (VS 22 B 40), Epicharm (fr. 252 Kaibel; s. auch unter den Testim. zu F 15 und 24) und wohl auch bei Parmenides (VS 28 B 8,4 οὖλον μουνογενές: F 23,1 εἷς θεός und F 24 οὖλος; B 8,29: F 26,1) und Aischylos (Hik. 96–103: F 25 und 26; Sept. 592: F 34; dazu W. Rösler, Reflexe vorsokratischen Denkens bei Aischylos, Meisenheim 1970, 7–10 und 16–21) finden.

Das seltene βλῃστρισμός wird von Hesych mit ῥιπτασμός und ἄλυσις ›Unruhe‹ wiedergegeben. Das Wort scheint auf die Sprache der Mediziner beschränkt gewesen zu sein. Wie ein Kranker sich ruhelos auf dem Bett hin und herwirft, so ist Xenophanes ruhelos durch die griechischen Lande gezogen. – Möglicherweise hat Xenophanes das Wort in ähnlichem Zusammenhang noch einmal verwendet. Erotian (fr. 14; p. 102 Nachmanson), Verfasser eines Hippokratesglossars im 1. Jh. n. Chr., bemerkt zu βλῃστρισμός· ὁ ῥιπτασμός. οὕτω Βακχεῖος τίθησιν. ἐν ἐνίοις δὲ ἀντιγράφοις εὕρομεν βλητρισμὸν χωρὶς τοῦ σ. ὄντως δὲ τὸν ῥιπτασμὸν σημαίνει, καϑὼς καὶ Ξενοφάνης ὁ Κολοφώνιός φησιν· ἐγὼ δὲ ἐμαυτὸν πόλιν ἐκ πόλεως φέρων ἐβλήστριζον, ἀντὶ τοῦ ἐρριπταζόμην. Falls das keine paraphrasierende Wiedergabe von F 8,2 ist, ist ein metrischer Text allerdings nur mit Hilfe textkritischer Eingriffe zu gewinnen (= VS 21 B 45).

φροντίς: Die Bedeutung des Wortes, das hier erstmals begegnet, ist ohne Kenntnis des Zusammenhangs kaum sicher zu erfassen. Auch bei Aischylos, der in den Persern und Hiketiden je zwei, in der Trilogie sieben Belege bietet, schwankt die Bedeutung zwischen ›Nachdenken, Grübeln, Sorge‹: Pers. 161 καί με καρδίαν ἀμύσσει φροντίς (›grübelnde Sorge zerreißt mein Herz‹), Hik. 407 δεῖ τοι βαϑείας φροντίδος σωτηρίου (›es bedarf des tiefen rettenden Denkens‹, um in einer problematischen Situation das Rechte zu tun), Eum. 453 ταύτην μὲν οὕτω φροντίδ᾽ ἐκποδὼν λέγω (›diese Sorge ist durch mein Wort behoben‹). Ähnlich bei Sophokles und Herodot (I 46,1 ἐνέβησε ἐς φροντίδα, εἴ κως δύναιτο ›brachte ihn in sorgenvolles Nachdenken‹, ob er der wachsenden Macht der Perser zuvorkommen könne. 111,1 ἦσαν ἐν φροντίδι ἀμφότεροι ἀλλήλων πέρι ›sie waren in Sorge um einander‹). Vgl. auch B. Snell, Der Weg zum Denken und zur Wahrheit, Göttingen 1978, 84f. – Xenophanes mit seinen Gedanken ist bestimmt durch die Erfahrungen eines langen Lebens, das ihn nicht hat zur Ruhe kommen lassen.

ἀν᾽ Ἑλλάδα γῆν: Als Aufenthaltsorte werden, neben Kolophon, genannt oder sind zu erschließen Elea (Plat. Soph. 242d4–5, Arist. Met. 1400b6, Diog. L. 9,20), Messina und Katana (Diog. L. 9,18), Syrakus (Hippol.Ref. I 14), Malta und Paros (Hippol.a.O.; für überliefertes Paros und gegen die Vermutung, Pharos = Lessina sei gemeint, s. unten S. 189 zu F 37), schließlich vielleicht die Liparischen Inseln (Arist. Mirab. 833a15). Die einschränkende Formulierung in Vers 4 spielt zweifellos an auf die Worte Telemachs in Od. 1,214 bis 220. – ἐτύμως ›wie es den Tatsachen entspricht‹: Snell, Der Weg zum Denken 95f.

9

Kontext unbekannt. – Die auffällige Form γηρείς, γηρέντος scheint als Part. Präs. zu γήρημι gebildet zu sein; als
Aorist (so z. B. Frisk, Etym. Wörterb. v. γῆρας) ist sie jedenfalls kaum zu erklären: Das Epos bildet zu ἐγήρα (H 148,
P 197, ξ 67) das Partizip γηράς (P 197). S. auch Schwyzer-
Debrunner I 743 Anm. 12. – Xenophon als Autor irrtümlich
auch in F 38.

10

Wenn, was immerhin möglich wäre, nicht vor καθ' zu
interpungieren ist, so bedeutet ἐξ ἀρχῆς ›von Jugend auf‹.
Was alle von Homer gelernt haben, ist vermutlich das, was
sie über die Götter zu wissen meinen; ähnlich äußert sich
einige Jahrzehnte später Herodot II 53 (s. aber auch Plat.
Rep. 606 e). Daß diese in vielem so anstößigen Vorstellungen
(F 11 und 12) nicht längst aufgegeben sind, hat, so meint
Xenophanes offenbar, seinen Grund in lebenslanger Gewöh-
nung.

Für die Kurzmessung der vorletzten Silbe in μεμαθήκασι
und πεφήνασι (F 36) hat schon das Epos Beispiele: πεφύκασι
η 114 (aber πεφύασι η 128, ι 141, Δ 484), λελόγχασι λ 304;
Schwyzer-Debrunner I 664.769 f.774; West, Studies 104.

11 + 12

Die Verswiederholung 11,3 = 12,2 ist angesichts der klaren
Überlieferung kein Grund, die Echtheit von F 12 zu bezweifeln. – Für ὡς in F 12,1 spricht immerhin der Kontext
des Sextus, der jedenfalls ›quam plurima‹ verstanden hat.

Aufgabe des Sängers ist, die Taten der Männer und Götter
zu rühmen (Od. 1,338); Homer aber und Hesiod, von denen
alle lernen (F 10), haben ihre Autorität benutzt, über die
Götter anstößige Geschichten zu verbreiten.

ἀνατιθέναι ›jemandem etwas zuschieben‹ würde in anderem Zusammenhang, zumal mit dem Dativ θεοῖς, ›weihen‹ bedeuten (etwa Hes. Op. 658); sehr möglich also, daß Xenophanes durch die Wahl gerade dieses Wortes einen besonders sarkastischen Ton erzielen wollte: Homer und Hesiod bringen den Göttern keine Weihgaben und sorgen daher auch nicht für die schuldige Ehrfurcht, sondern sie bringen Anstößiges und sorgen so für den schlechten Ruf der Götter. Eine ähnliche Ausdrucksabsicht liegt in ἐφθέγξαντο: Das Wort meint ›laut rufen, die Stimme erheben‹ und bezeichnet gerade die akustische Seite des Sprechens; es wird daher normalerweise allenfalls mit Akkusativen wie ἔπος (so Herodot) oder φωνήν (Batrach. 271) verbunden. Die Formulierung hier klingt, als hätten sich Homer und Hesiod gerade durch Stimmaufwand und Lautstärke ausgezeichnet.

Für ›stehlen‹: Prometheus-Zeus (Hes.Th. 566, Op. 51), Hermes-Apollon (h.Merc.); für ›ehebrechen‹: Ares-Aphrodite (Od. 8,267ff.); für ›betrügen‹: Hera-Zeus (Il. 14,153ff.).

Auch früher schon war der überlieferte Mythos nicht in jeder Weise verbindlich gewesen. Schon in Hesiods Dichtung steht neben Traditionellem das neu Entdeckte und frei Erfundene. So begründet er die Allmacht des Zeus und die Überwindung der Titanen mit Hilfe der Legende von den vier Geschwistern, die er offenbar selbst erfunden hat: Eifer, Kraft, Zwang und Sieg sind die Mächte, die von Zeus in Dienst genommen sind und seine Herrschaft garantieren (Th. 383–403); an anderen Stellen aber greift Hesiod dafür auf überlieferte Mythen zurück und berichtet, daß drei Kyklopen (Th. 139–146. 501–506) oder drei hundertarmige Riesen (Th. 147–153. 617–663) Zeus den Sieg über die ungeschlachten Mächte der Vorzeit gebracht haben (Th. 690ff.; dazu H. Fränkel, Dicht. u. Phil.[2] 108–111). Und als er entdeckt, daß ›Streit‹ nicht nur destruktiv ist, korrigiert er die traditionelle Vorstellung und damit ausdrücklich auch seine eigene frühere Darstellung (Th. 225ff.; Op. 11ff.). So nimmt Alkman sich die Freiheit, die Musen als Quelle seines Wissens nicht von Zeus und Mnemosyne (s. Hes. Th. 53ff. 519–917), sondern von

Himmel und Erde abstammen zu lassen (PMG 67 Page): Durch die Heraufdatierung wird offenbar glaubwürdiger, daß er mit ihrer Hilfe auch über die frühesten Anfänge berichten kann (s. auch: Verf., Die Entdeckung der Homonymie, Abh. Akad. Mainz 1972, 13). So hat Stesichoros seine traditionellen Erzählungen über Helena später in der sog. Palinodie ausdrücklich als nicht wahr bezeichnet (PMG 192 οὐκ ἔστ' ἔτυμος λόγος οὗτος) und durch eine neue Version ersetzt. Und selbst der eher konservative Pindar, Xenophanes' jüngerer Zeitgenosse, übt vorsichtig seine Kritik, wenn er ruchlose Handlungen verschweigt, wie im Falle eines Brudermordes im Hause der Aiakiden (Nem. 5,14–18), oder anstößige Erzählungen nachträglich korrigiert, wie im Fall des Pelops (Ol. 1,27–53). Die Motive, die hier jeweils wirksam waren, sind verschieden. Doch ob nun das rationale Bedürfnis nach besseren Begründungen oder eine neue Empfindlichkeit für Moral und Anstand den Anstoß gegeben hat: Das Ergebnis war immer eine wachsende Distanz zur Überlieferung. Und diese Freiheit nimmt sich auch Xenophanes, dessen Kritik nun allerdings, da grundsätzlicher Natur, durchschlagend war. Indem er die Mythen einer anthropomorphen Göttervorstellung an den Maßstäben einer strengeren Ethik mißt, fällt vieles dahin, was den Glanz und die verantwortungslose Seligkeit gerade auch der homerischen Götterwelt ausgemacht hatte. Solche Geschichten werden jetzt entlarvt als willkürliche Erfindungen der Dichter, die weder nützlich noch dem, was wir meinen, wenn wir von Gott sprechen, angemessen sind (s. auch oben S.97f. zu F 1,21-24 und unten S.157f. zu F 26): Sie berühren das wahre Wesen der Götter nicht, das ganz anders ist (F 23–26).

Auf dieses endgültige Urteil über die moralisch bedenklichen Züge der homerischen Götterwelt gab es für die Folgezeit zwei mögliche Reaktionen. Entweder war alles, was in den mythischen Geschichten den strengen Forderungen eines moralisch geläuterten Gottesbegriffs nicht genügte, zu verwerfen; dann war aber auch für Homer im Kreise öffentlicher Vorbilder und Erzieher und im Idealstaat kein Platz (Heraklit VS 22 B 42; Platon, Rep. 377 b–383 c. 598 d–608 b). Oder aber, was Homer und der Mythos sagten, war nicht immer so zu verstehen, wie es den bloßen Worten nach dasteht; oft gab es einen verborgenen Untersinn, der erst entschlüsselt werden muß: Damit beginnt die Geschichte der allegorischen Deutung, deren erster Vertreter, Theagenes von Rhegion, offenbar durch die Mythenkritik seines älteren Zeitgenossen Xenophanes angeregt worden ist (VS 8. R.Pfeiffer, Geschichte der klassischen Philologie, 1970 25–27; F.Wehrli, Zur Geschichte der allegorischen Deutung Homers im Altertum, Diss. Basel 1928).

14

Textkritik. Daß Vers 1 nicht ein verdorbener Hexameter ist, der entsprechend korrigiert werden muß (etwa: ἀλλὰ βροτοὶ δοκέουσι θεοὺς γεννᾶσθαι ∪ ‒ ‒), hat zuerst Wilamowitz Kl.Schr. 4,602 f. ausgesprochen. Beispiele für eine Verbindung von jamb. Trimetern mit Hexametern: Inschrift auf dem Nestor-Becher von Ischia (L.H. Jeffery, The Local Scripts of Archaic Greece, Oxford 1961, 409 Tafel 47); Margit.fr. 1 und 7 W.; Peek GV 1501. 1502.1506. 1512; West, Studies 30. – Zum Hiat hinter ἐσθῆτα s. F 24; 26,2; A 14 (S. 196); West, Studies 115; J. van Leeuwen, Enchiridium dictionis epicae[2] p. 84–86; R. Keydell, Quaestiones metricae de epicis Graecis recentioribus, Diss. Berlin 1911, p. 6.

Erläuterungen. Andere Völker feiern Tod und Auferstehung ihrer Götter; griechische Götter sterben nicht. Dieses Charakteristikum, durch das sie sich von den sterblichen Menschen unterscheiden, wird geradezu zur Definition: Sie sind die Unsterblichen (ἀθάνατοι) und als solche die immer Seienden. Homer hat die Formel θεοὶ αἰὲν ἐόντες (A 290. 494, Φ 518, Ω 99, ε 7, θ 306, μ 371. 377), Hesiod ἀθανάτων ἱερὸν γένος αἰὲν ἐόντων (Th. 21. 33. 105). Doch dieses ›immer‹ hat einen Anfang: Griechische Götter werden geboren.

Schon Hesiod allerdings, der nicht müde wird, die genealogischen Verhältnisse zu klären, und in seiner Theogonie eine Geburt nach der anderen erzählt, scheint den hier latent vorhandenen Widerspruch gesehen zu haben. Wenn er und die Musen vom Geschlecht der immer seienden Götter singen (Th. 21. 33. 105), so singen sie eben davon, wie diese Götter Generation nach Generation geboren werden. Und doch sind gerade diese Götter, die nacheinander ans Licht treten, nichts anderes als das, was da ist, sein wird und vorher gewesen ist (Th. 32.38.). Das sieht ganz so aus, als wolle Hesiod durch dieses paradoxe Nebeneinander andeuten, daß all die göttlichen Mächte, die er mittels des genealogischen Schemas darstellt und die sich nach dieser Darstellung allerdings im Nacheinander der Zeit entfalten, im Grunde doch von allem Anfang an präsent sind. Hesiod meint offensichtlich noch anderes als nur das, was ihm die genealogische Denkform den bloßen Worten nach zu sagen erlaubt (s. auch Verf. GGA 220, 1968, 187f.). Anders demgegenüber Xenophanes, der die Rede von der Geburt der Götter und von ihrem Immer-Sein sozusagen beim Wort nimmt und daher das eine als unangemessen und beides als unvereinbar betrachten muß: Die Sterblichen meinen, die Götter würden (zwar nicht sterben, aber doch) geboren und wären auch in ihrer sonstigen Erscheinung, in Kleidung, Stimme und Gestalt, durchaus ihnen selbst vergleichbar. Eine Meinung, die im Gegensatz (ἀλλά) zum wahren Wesen der Götter steht, das offenbar vorher zur Sprache gebracht war.

Aus demselben Gedankenkreis stammt eine Geschichte, die Aristoteles Rhet. 1400b6 berichtet. Auf die Frage der Eleer, ob sie die Meeresgöttin Leukothea (Od. 5,333ff.) mit Opfern und Klageliedern verehren sollten, habe Xenophanes geantwortet: Sei sie eine Göttin, solle man nicht klagen, sei sie ein Mensch, nicht opfern. Selbst wenn es sich um eine Wanderanekdote handelt (so M.P.Nilsson, Griechische Feste, 1906, 432 Anm. 4), so paßt sie jedenfalls trefflich zu dem, was wir sonst von Xenophanes wissen.

Textkritik zu F 15. Der Überlieferung läßt sich leicht ein metrisch korrekter und sachlich verständlicher Text abgewinnen. Trotzdem hat namentlich Vers 1 zahlreiche Konjekturen erfahren. Anlaß dazu sind die Unausgeglichenheit zwischen Vers 1 und 3 und die Tatsache, daß Vers 1 entweder (Euseb.) metrisch korrekt aber unvollständig, oder (Clem., Theod.) vollständig aber metrisch unkorrekt überliefert ist. Der heute meist übernommene Vorschlag von Diels, in Vers 1 ἵπποι zu ergänzen, bringt nur die halbe Lösung. Näher zu liegen scheint daher, λέοντες durch ein Äquivalent für ἵπποι zu ersetzen; und so haben Schultess ἠὲ κέλητες, Diels selbst (Kl.Schr., Darmstadt 1969, 62 Anm. 1) ἦ κελέοντες versucht. Doch ἠὲ λέοντες muß als gut überliefert gelten; und angesichts der Unmöglichkeit, mit *einer* Änderung alle Anstöße zu beheben, scheint es besser, die Überlieferung möglichst nicht anzutasten.

Für Satzende nach dem ersten Metron und folgendes ἀλλά hat das alte Epos über 80 Belege (Il. 2,33.70; Od. 1,195; 4,287 usw.); von daher ist also gegen Vers 1 kein Einwand. Wilamowitz wird recht haben mit der Bemerkung, daß die in Vers 1 und 3 genannten Gattungen exemplarisch für Tiere überhaupt stehen; dabei mag die gemeinsame Erwähnung von Rind und Löwe nahegelegt sein durch Stellen wie Il. 5,161; 11,548; 12,293; 15,630; 16,487f.; 18,579; ähnlich Pferd und Rind durch Stellen wie Il. 1,154; 23,260. – ἔχον, gleichermaßen auf einen Akkusativ und zwei Infinitive bezogen, steht zeugmatisch; vorgebildet ist solche Ausdrucksweise durch Stellen wie Il. 1,258; 7,203; 15,641f., wo Akkusativ und Infinitiv parallel stehen; besonders aber Il. 17,476 ἵππων ἀθανάτων ἐχέμεν δμῆσίν τε μένος τε ›sich verstehn auf die Zähmung der Pferde und ihre Kraft halten‹. – ἦ in Vers 2 kennzeichnet keine wirkliche Alternative, sondern eine alternative Formulierung für denselben Gedanken: »oder (um es anders und deutlicher zu sagen)«. Für diese Auffassung spricht entschieden die Wiederholung von χεῖρες in Vers 2, die dann, wenn ἦ durch καί ersetzt wird, mehr als überflüssig ist. Der Sprecher korrigiert sich selbst: Nicht auf den Besitz von Händen, sondern auf die Fähigkeit zu schreiben kommt es an. Ein solches korrigierendes ἦ scheint umgangssprachlich zu sein: Plat.Apol. 26b5. 36b4, Euthyphr. 4b5, Phd. 85d3, Phdr. 227b6. – Der Relativsatz mit dem Imperfekt εἶχον gehört nicht in die irreale Periode. Also nicht: »Wenn die Tiere Hände hätten, würden sie ihre Götter malen, wie sie im Falle, daß sie Hände hätten, selbst aussähen«; sondern: »Wenn die Tiere malen könnten, würden sie ihre Götter so malen, wie sie selbst aussehen.« Das Imperf. εἶχον steht durch Tempusverschiebung für das Präsens: Kühner-Gerth I 145, Schwyzer-Debrunner II 279. – Nicht rechtfertigen läßt sich überliefertes ὁμοῖον in Vers 5, das offensichtlich aus Vers 3 fälschlich wiederholt ist.

Zu F 16. Hier ist der Wortlaut nur annäherungsweise herstellbar. Sicher sind die beiden Völkernamen, ebenso wohl die je zwei Attribute. Dabei kann πυρρός die Haut- oder Haarfarbe meinen: Hdt. IV 108,1 (über ein Skythenvolk) Βουδῖνοι δέ, ἔθνος ἐὸν μέγα καὶ πολλόν, γλαυκόν τε πᾶν ἰσχυρῶς ἐστι καὶ πυρρόν; Hippokr.Aer. 20,3 πυρρὸν δὲ τὸ γένος ἐστὶ Σκυθικὸν διὰ τὸ ψῦχος οὐκ ἐπιγινομένου ὀξέος τοῦ ἡλίου· ὑπὸ δὲ τοῦ ψύχεος ἡ λευκότης ἐπικαίεται καὶ γίγνεται πυρρή. [Aristot.] Probl. 38,2.966b25–33; Galen, De temperam. II 5 (I 618 K.). Ganz unsicher sind demgegenüber die Verben und damit die Versgestaltung.

Erläuterungen. Wie die Sprachen und Sitten der Völker verschieden sind, so auch ihre Götter und die Formen ihrer Verehrung. Das ist seinerzeit längst beobachtet, und Herodots Erzählungen sind voll davon. Für die religiöse Toleranz der Griechen liegt darin kein Problem. Die Mächte, die in den verschiedenen Bereichen begegnen, werden als real erfahren und sind göttlich, weil man ihr Wirken spürt; an ihrer Existenz ist kein Zweifel. Alles sei voll von Göttern, soll Thales gesagt haben (VS 11 A 22); auch am unscheinbaren Ort, in alltäglichen und wenig imposanten Augenblicken begegnen sie (so die Anekdote über Heraklit: VS 22 A 9). Wohl aber ist Raum für persönliche Vorlieben. Wenn in der Ilias vor entscheidenden Augenblicken jeder betend einen anderen Gott anruft (Il. 1,400f.), so ist das nur die individuelle Ausprägung der allgemeinen Tatsache, daß ›alle Menschen die Götter nötig haben‹ (Od. 3,48). Und was für die einzelnen gilt, das gilt ebenso für die Völker. Daß andere Völker andere Götter haben, scheint nur natürlich. So ist es »bei den Persern nicht Brauch, Götterbilder, Tempel und Altäre zu errichten, vielmehr halten sie das für Torheit, und zwar meines Erachtens deshalb, weil sie die Götter nicht für menschenartig halten wie die Griechen. Sie haben den Brauch, auf die Gipfel der Berge zu steigen und dort Zeus Opfer zu bringen, denn Zeus nennen sie den ganzen Kreis des Himmels. Sie opfern aber auch der Sonne, dem Mond, der Erde, dem Feuer, dem Wasser und den Winden«; so schreibt Herodot (I 131). Und wenn einmal, wie im Falle Ägyptens, das Fremde für griechisches Empfinden vielleicht doch zu ungewohnt ist, dann ist es richtiger, darüber zu schweigen »in der Überzeugung, daß alle Menschen über das Göttliche gleich viel oder wenig wissen« (Hdt. II 3,2).

Vor diesem Hintergrund betrachtet ist, was Xenophanes in F 16 sagt, nicht gar so neu: So verschieden die Völker, so verschieden ihre Götter. Neu aber ist offenbar der verallgemeinernde Satz, der aus den längst bekannten Tatsachen gewonnen wird: Die Menschen bilden sich ihre Götter nach ihrem Bilde. Daß die Verse bei Xenophanes wirklich im Kontext eines solchen Gedankens gestanden haben, bezeugen ausdrücklich Klemens und Theodoret, und diese Tendenz, die dem Wortlaut, so weit er rekonstruierbar ist, an und für sich nicht zu entnehmen ist, wird bestätigt durch F 15.

Damit ist hier ein Gedanke ausgesprochen, der offenbar so einleuchtet, daß er in der Folgezeit nicht mehr verloren gehen kann. Im 4. Jh. bemerkt Aristoteles in der Einleitung seiner Politik lakonisch: »Daß auch die Götter unter einem König stehen, meinen alle deshalb, weil auch sie selbst teils noch jetzt, teils aber früher von einem König regiert wurden; wie die Menschen die Gestalten ihrer Götter sich selbst nachbilden, so auch deren Lebensweisen« (Pol. 1252b24 καὶ τοὺς θεοὺς δὲ διὰ τοῦτο πάντες φασὶ βασιλεύεσθαι, ὅτι καὶ αὐτοὶ οἱ μὲν ἔτι καὶ νῦν οἱ δὲ τὸ ἀρχαῖον ἐβασιλεύοντο, ὥσπερ δὲ καὶ τὰ εἴδη ἑαυτοῖς ἀφομοιοῦσιν οἱ ἄνθρωποι, οὕτω καὶ τοὺς βίους τῶν θεῶν). In dieser nüchternen Prosa kommt die typisch griechische Eigenart, den beobachtbaren Tatbestand zu beschreiben und zu analysieren, besonders deutlich zum Ausdruck, und das zumal dann, wenn diese Aussage verglichen wird mit ihrer theologischen Umdrehung: »Gott schuf den Menschen ihm zum Bilde, zum Bilde Gottes schuf er ihn« (LXX Gen. 1,26f. καὶ εἶπεν ὁ θεὸς Ποιήσωμεν ἄνθρωπον κατ᾽ εἰκόνα ἡμετέραν καὶ καθ᾽ ὁμοίωσιν. καὶ ἐποίησεν ὁ θεὸς τὸν ἄνθρωπον, κατ᾽ εἰκόνα θεοῦ ἐποίησεν αὐτόν). Für diesen grundsätzlichen Unterschied im philosophischen und theologischen Denken s. auch G. von Rad, Theologie des Alten Testaments [6]I, München 1969, 159: »Tatsächlich hat sich Israel auch Jahwe selbst menschengestaltig vorgestellt, aber diese uns geläufige Formulierung läuft nun, alttestamentlich gedacht, in falscher Richtung, denn man kann im Sinne des Jahweglaubens nicht sagen, Israel habe Gott anthropomorph gesehen, sondern umgekehrt, es hat den Menschen für theomorph gehalten.«

Unklar aber bleibt für F 16, welche Folgerungen Xenophanes aus seinem allgemeinen Satz gezogen wissen wollte. Wollte er mahnen zu Toleranz und skeptischer Bescheidenheit, ähnlich der Haltung Herodots? Oder sollte dadurch, daß so kraß verschiedene Bilder wie schwarze und rötliche, plattnasige und blauäugige Götter nebeneinandergestellt werden, der menschliche Versuch, sich Götter vorzustellen, als solcher ad absurdum geführt werden?

Einen entscheidenden Schritt weiter führt F 15. Während F 16 in einen Kontext gehört, der zunächst die Verschiedenheit der Götterbilder beschreibt und dann aus dieser Beschreibung des tatsächlichen Befundes den allgemeinen Satz ›jeder bildet seine Götter nach seinem Bilde‹ ableitet, ist für F 15 umgekehrt die Erkenntnis von der Bedingtheit aller Gottesvorstellungen die Voraussetzung. Mit anderen Worten: Die These von der Relativität der Götterbilder wird demonstriert mit Hilfe eines hypothetischen Experiments. Wenn die Bedingung, unter der Götterbilder entstehen, von Xenophanes richtig erkannt ist – und Xenophanes ist natürlich überzeugt, daß das der Fall ist –, dann führt das in F 15 vorgeschlagene Experiment, vorausgesetzt es sei möglich, notwendig zum entsprechenden Ergebnis. Es braucht nur die Bedingung erfüllt zu sein, daß Tiere malen können: Daß ihre Götter dann tierisches Aussehen gewinnen, dafür sorgt das hier erstmals ausgesprochene Gesetz von der Relativität aller Götterbilder (Zum hypothetischen Experiment s. unten S. 192ff. zu F 38).

Hier nun ist die kritisch polemische Absicht unüberhörbar. Indem das Gedankenexperiment die Konsequenz zieht aus dem, was Xenophanes erkannt zu haben glaubt, mahnt es nicht zu Bescheidenheit und Ehrfurcht auch vor dem Fremdartigen; vielmehr zeigt es im Spiegel der Karikatur die Bedingtheit auch des Vertrauten. Dabei bleibt allerdings offen, ob die Polemik rein negativ ist oder aber durch die Entlarvung falscher Vorstellungen ein richtiges Reden über Gott ermöglichen will. Stehen nach Meinung des Xenophanes hinter den mannigfaltigen Vorstellungen die Götter als eine Realität, die bisher nur unangemessen erfaßt worden ist? Oder sind besagte Vorstellungen bloße Projektionen ihrer Autoren, denen in der Realität nichts entspricht? Die Antwort darauf geben neben F 1,24 die Fragmente 23–26.

17

Für die vom Scholion unterschiedenen Verwendungen des Namens ›Bakchos‹ sind die ältesten Belege einerseits Sophokles OT 211, Euripides Hipp. 560, andererseits Eur. Bacch. 491, Plat. Phd. 69c8 (= Kern, Orph. Fr. 5). ›Bakchen‹ als Bezeichnung der von den Mysten getragenen Zweige (vgl. Bacch. 110 καὶ καταβακχιοῦσϑε δρυὸς ἢ ἐλάτας κλάδοισι) begegnen in unserer Literatur nur an dieser Stelle (s. auch U. von Wilamowitz, Der Glaube der Hellenen ²II, Darmstadt 1955, 62 Anm. 2; M.P. Nilsson, Gesch. der gr. Religion ³I, München 1967, 126 Anm. 3). – Von den Versuchen, den Vers wiederherzustellen, hat der von Wachsmuth den Vorzug der Einfachheit; Sicherheit läßt sich mangels Kenntnis des ursprünglichen Zusammenhangs nicht erreichen.

ἐλάτη ist nicht die Fichte und auch nicht die Weißtanne unserer Wälder, sondern die griechische Edel- oder Apollotanne (A. Steier, RE v. Tanne Sp. 2216–2223). Zu Dionysos, der als Herr der Bäume Kulttitel wie Ἐνδενδρος, Δενδρεύς, Δενδρίτης und Δρυοφόρος führt, scheint der Nadelbaum als Sinnbild vegetativer Kraft in besonderer Beziehung gesehen worden zu sein. Zwei Münzen des 5. Jh.s aus Abdera zeigen Dionysos mit einem Tannenstamm in der Hand (Die antiken Münzen Nord-Griechenlands, unter Leitung von F. Imhoof-Blumer, Band II: Fr. Münzer und M. Strack, Die antiken Münzen von Thrakien, Heft 1, Berlin 1912, Nr. 65 und 67). Eine Tanne war auch der Baum, von dem aus Pentheus das Treiben der Bakchen beobachtet hatte und der ihm zum Verhängnis wurde: Eur. Bacch. 816.954.1061.1064.1070. 1095.1110. Diesen Baum zu suchen und wie den Gott selbst zu verehren, hatte später die Pythia den Korinthern geboten; zwei Holzbilder des Gottes auf dem Markt von Korinth sollten aus seinem Holz verfertigt sein (Paus. II 2,7).

Die erwähnte Mehrdeutigkeit des Wortes βάκχος ist nicht von ungefähr. Bakchos ist Dionysos als Herr der nach ihm benannten Ekstase. Der Adept aber wird Bakchos, sofern ihn im Kreise Gleichgestimmter der göttliche Geist erfüllt. Denn der dionysische Wahnsinn ergreift nicht den einzelnen, sondern die Gruppe. In ihrem orgiastischen Treiben manifestiert sich die Macht des Gottes; sofern der einzelne in diesen Rausch hineingerissen wird, verliert er seine Individualität und wird als Bakchos eins mit seinem Herrn, der in den vom Taumel Ergriffenen ebenso wirkt wie in den Kultgegenständen. So spiegelt sich in der scheinbaren Bedeutungsvielfalt des Wortes die für griechische Religion unerhörte und jedenfalls singuläre Tatsache, daß die Grenzen zwischen dem Verehrten und seinen Verehrern verschwimmen (s. auch W. Burkert, Griechische Religion, Stuttgart 1977, 251–260).

Über den Kontext unseres Verses sind wir nicht informiert. Doch schwerlich war es das Interesse des Historikers, das Xenophanes veranlaßt hat, terminologische Besonderheiten des Dionysos-Kultes als solche zu erwähnen. Xenophanes wird hier vielmehr – neben F 14, 15 und 16 – einen weiteren und besonders kruden Fall jener Absonderlichkeiten gesehen haben, die sich die Menschen in ihren religiösen Vorstellungen und Ritualen erlauben: Bakchos, der Gott, als Tannenzweig.

18

Textkritik. Die kurzen Formen Dat.Plur. auf -οις und -αις begegnen bei Xenophanes einwandfrei nur F 1,14 εὐφήμοις μύθοις καὶ καθαροῖσι λόγοις und einmal beim bestimmten Artikel am Versschluß F 8,3 πρὸς τοῖς .Demgegenüber steht elfmal sicher die lange Form auf -οισι, einmal auf -ησιν: F 1,14; 2,6.10.15; 3,5 (χαίτησιν); 11,2; 15,3; 23,1(2).2; 35; 36. Von den acht Stellen, an denen ein Vokal folgt, handelt es sich zweimal um den bestimmten Artikel bzw. das Pronomen (F 1,23 τοῖς οὐδέν, 35 τοῖς ἐτύμοισι), und hier scheint sich die kurze Form auch sonst schon durchgesetzt zu haben: West, Studies 94. Die verbleibenden sechs kritischen Stellen sind F 1,6.7; 2,3 (ῥοῆς); 3,6; 11,1; 18,1. Der geschilderte Befund dürfte auch hier für die lange Form sprechen.

παραδεικνύναι haben erst Xenophon, Isokrates, Platon in der Bedeutung ›nebeneinander zeigen, vergleichen, andeuten‹ oder aber als ›anweisen‹ im Sinne von ›überweisen, aushändigen‹; dieser spezielle Gebrauch, der bei Xenophon belegt ist (HG II 1,14; 3,8), kann schwerlich schon für Xenophanes angenommen werden. ὑποδείκνυμι bei Hdt. I 32,9; 189,3; Thuk. I 77,6; IV 86,5.

Erläuterungen. Die zwei Verse, deren Kontext unbekannt ist, bringen erstmals in der Geschichte den Gedanken zum Ausdruck, daß die kulturelle Entwicklung fortschreitet aus der Vergangenheit in die Zukunft und daß dieser Fortschritt bewirkt wird durch die Anstrengungen des Menschen selbst.

Auch frühere Zeiten, deren Anschauungen sich im Epos aussprechen, hatten die menschlichenVerhältnisse nicht rein statisch gesehen: Es gab jedenfalls Veränderungen – zum Schlechteren, aber auch zum Besseren. Für Nestor, der mehrere Generationen erlebt hat und sich daher ein Urteil über gewisse Entwicklungen erlauben kann, wie für den Dichter selbst ist es Tatsache, daß die physischen Kräfte der Menschen, »wie sie heute sind«, weit hinter denen der Vorfahren zurückstehen (Il. 1,272; 5,304; 12,383.449; 20,287; vgl. auch Od. 8,221 f.). Daneben aber meldet sich doch auch der Wunsch, es den Älteren gleichzutun (Il. 6,209), und sogar das Bewußtsein, mehr geleistet zu haben als die berühmten Väter (Il. 4,405; vgl. 6,479; 15,641; Od. 2,276 f.). Hesiod erzählt die Menschheitsgeschichte – in Anlehnung an einen orientalischen Mythos von vier nach den Metallen Gold, Silber, Bronze und Eisen benannten Geschlechtern – als eine Geschichte des materiellen und moralischen Zerfalls (Erga 106–201. Dazu B.Gatz, Weltalter, goldene Zeit und sinnverwandte Vorstellungen, Hildesheim 1967, 1–51; F.Lämmli, Homo Faber, Basel 1968, 18–30; M.L.West im Erga-Kommentar, Oxford 1978, 172–177). Für sich selbst aber wünscht er, vor dem gegenwärtigen Eisernen Geschlecht gestorben oder aber später geboren zu sein (Erga 174 f.); ein Wunsch, der immerhin der Hoffnung auf Besserung der augenblicklichen Zustände Raum läßt. Dieser Geschichte vom verlorenen Paradies und stufenweiser Degeneration stellt er in der Theogonie, wenn auch unausgesprochen, eine optimistischere Sicht gegenüber: Kampf und Sieg des Zeus über die Mächte der Vorzeit sind ein Triumph des Rechts. Es gibt also Entwicklungen; doch so, wie sie bei Homer und Hesiod zur Sprache kommen, vollziehen sie sich fast ohne menschliches Zutun, sind zwangsläufig wie der stetige Wechsel der Jahreszeiten oder der eindeutig gerichtete Prozeß des Alterns. »Wenige Söhne nur werden dem Vater ähnlich, die meisten schlechter; wenige besser als der Vater« (Od. 2,276f.). Das gilt offenbar als Erfahrungstatsache nach Art eines Naturgesetzes. Und Hesiods vorsichtige Hoffnung basiert nicht etwa auf der Erwartung, daß seine Zeitgenossen lernen, sich dem Recht unterzuordnen, sondern auf dem Glauben, daß Zeus schließlich auch das gegenwärtige Eiserne Geschlecht vertilgen wird (Erga 180; so daß der Kreislauf mit einem neuen Goldenen Geschlecht von vorne beginnt?). So sehr Hesiod seinen Bruder Perses und gleichzeitig den Leser ermahnt: Der moralische Appell und die positive Reaktion, die er erhofft und doch jedenfalls für möglich hält, sind in seinen Augen keine Faktoren, die nun ihrerseits die künftige Entwicklung entscheidend bestimmen könnten. Dazu mußten die Menschen die Fähigkeit, im Laufe des Lebens zu lernen und so die natürlichen Zwänge und Beschränkungen zu überspielen, erst entdeckt und bewußt als eigene Möglichkeit ergriffen haben; eine Haltung, für die erst der Athener Solon unser ältester Zeuge ist. Und von seinem »mit dem Altern zugleich lerne ich vieles dazu« (F 18 W; dazu s. die ›Lebensalter‹ F 27, wo die schwindende Körperkraft durch wachsende Einsicht gleichsam kompensiert wird, und die offenbar von hieraus argumentierende Polemik gegen Mimnermos in F 20) bis hin zu den Versen des Xenophanes ist noch ein weiter Schritt.

Die zwei Verse enthalten eine negative und eine positive Behauptung. Die negative des ersten Verses ist vor dem Hintergrund der bis dahin üblichen Anschauungen zu sehen. Danach gelten die Götter als Geber des Guten (δωτῆρες ἑάων Od. 8,325.335; Hes.Th. 46.111.633.664; s. auch Il. 24, 527f.); wie denn alles, was die Menschen haben, leisten und können, was sie fördert und auch was sie bedrängt, Gaben sind der Götter (δῶρα θεῶν Il. 3,54. 64.65; 20,265; Od. 7,132; 18,142; Hes.Th.103; h.Apoll. 190 [Hermes 92, 1964, 261–263]; h. Dem. 147.216; Theogn. 444–46.591; s. ferner die zahlreichen Formulierungen vom Typ Il. 21, 216; Hes.Th. 30f. [GGA 220, 1968, 186f.]). Von ihnen erbittet man daher den Lebensunterhalt, sie bittet man um Hilfe. Wie der Sänger sich an die Musen wendet, so weiß der Handwerker sich von Athene ›geliebt‹ (Il. 5, 59–61) und ›unterwiesen‹ (Il. 15, 411f.). Denn in der Tat ist die Gabe der Götter oft nichts anderes als ›Belehrung‹ (Od. 6,232–234; 7,110f.; 8,488; 20, 72; h.Aphr. 12–15; Orph.Fr. 178 und 179) oder ein ›Zeigen‹ (δείκνυμι κ 303; Phoronis fr. 2 = Schol.Apol. Rh. 1,1129; h.Dem. 474; hymn. 31,19) und ›Einblickgeben in eine Sache‹ so, wie man jemandem den Weg zeigt (Od. 5,241; 6,144.178. 194; 7,29f.; 12,25f.; 13,344; Hes.Op. 648; h.Merc. 393; s. auch F 7,1).

ἐφευρίσκειν heißt ›etwas vorfinden, antreffen‹. So finden die Freier Penelope, wie sie das Gewebe wieder auftrennt (Od. 2,109; 24,145); Odysseus findet seine Gefährten beim Essen (Od. 10,452); er sucht, ob er irgendwo flaches Ufer findet, um an Land steigen zu können (Od. 5,417.439); man schaut nach jemandem aus (διζήμενος), ob man ihn irgendwo findet (Il. 4,88.168; 13,470). Diese Verwendung und Bedeutung des Wortes gilt durchweg bis hin zu Herodot und Sophokles (z.B. Sappho 15b9 LP; Hdt. IX 109,3; Soph.OC 504. Unsicher nur Pindar Pyth. 12,7; eine Stelle, die schwer zu fassen ist). Die Worte des Xenophanes bedeuten also nicht, daß die Menschen durch Forschung Besseres erfinden, sondern sie besagen, daß sie suchend auf etwas treffen, das besser ist als das bisher schon Bekannte. Das Neue und Bessere gilt hier grundsätzlich als Entdeckung, nicht aber als Erfindung und Produkt eines schöpferischen Aktes. Die Selbstverständlichkeit, mit der jeder geistige und materielle Fortschritt und die Entwicklung neuer, gerade auch technischer Möglichkeiten als ein Zur-Kenntnis-Nehmen von etwas verstanden wird, das an und für sich vorhanden ist und nur noch nicht gesehen war, ist offenbar eine griechische Eigentümlichkeit; sie sollte später in Platons Ideenlehre ihre systematische Ausgestaltung finden.

Was Xenophanes in den zwei Versen aussagt, ist kein Programm und keine Theorie, sondern gründet in den Erfahrungen des 7. und 6. Jh.s. So war in der 2. Hälfte des 7. Jh.s in

Kleinasien nach mancherlei Vorformen die staatlich garantierte Münze entstanden (Hdt. I 94,1); und welche Veränderungen die Geldwirtschaft für Handel und Verkehr seinerzeit bedeutet hat, ist heute vermutlich kaum noch zu ermessen. Der Förderung des zwischenstaatlichen Verkehrs dienten offenbar auch die Tendenzen zur Vereinheitlichung der Maß- und Gewichtssysteme; Phaidon von Argos, noch im 7. Jh., ist der älteste Grieche, der in diesem Zusammenhang genannt wird (Hdt. VI 127,3). Einem gewissen Glaukos von Chios (2. Hälfte 7. Jh.) gelingt als erstem das Schweißen von Eisen (Hdt. I 25,2). Der Schiffbau wird in Korinth durch die Entwicklung der Triere revolutioniert (Thuk. I 13,2–3). Technik und Baukunst waren im 7. und 6. Jh. so weit, daß in Ephesos, Didyma bei Milet, auf Samos, in Athen, in Selinus auf Sizilien die monumentalen Tempelbauten entstehen konnten. Für die Wasserversorgung von Samos baut um 530 Eupalinos aus Megara einen Tunnel von fast 1000 m; und die Tatsache, daß die Arbeiten von beiden Seiten in den Felsen vorangetrieben worden sind, zeigt, daß außerordentlich genaue Meßmethoden zur Verfügung standen. Am Ende des 6. Jh.s bringt Aristagoras aus Milet eine eherne Tafel mit nach Sparta, »in die der ganze Erdkreis eingeschnitten war, das ganze Meer und alle Flüsse« (Hdt. V 49,1). Und daß allein Milet im 7. und 6. Jh. 90 Kolonien gegründet haben soll, spricht schließlich auch von der Kraft und dem Wagemut, die damals die griechische Welt erfüllten.

Xenophanes muß für diese und andere Errungenschaften seiner Zeit ein offenes Auge gehabt haben. Er macht sich seine Gedanken; und was die Tradition liefert, konnte kaum noch bestehen (s. auch S. 98 zu F 1,22). Er sah, daß viel von dem, was das Leben seiner Zeit bestimmte, erst jüngsten Datums war. Manches davon hat er in seinen Dichtungen notiert – so die Lyder, die als erste Münzen geprägt hätten (F 4 = Pollux IX 83); so die erstaunliche Tatsache, daß Thales in der Lage gewesen war, Sonnenfinsternisse vorauszusagen (F 19 = Diog.L. I·23); anderes hat er selbst beobachtet und daraus seine Schlüsse gezogen – so die Verschiedenartigkeit der Götterbilder (F 15 und 16), pflanzliche und tierische Versteinerungen (A 33 = Hippolyt. Ref. I 14,5), die Beziehungen zwischen Erde und Wasser, Land und Meer (F 29.30.33. 37). Heraklit verwirft ihn deshalb als Vielwisser (VS 22 B 40).

So fassen die zwei Verse zusammen und bringen fast epigrammatisch auf eine rationale Formel, was gemeinsame Erfahrung eines Zeitalters war. Dabei wird der Gegensatz von einst und jetzt in drei Alternativen akzentuiert: Götter oder Menschen, Offenbarung oder eigenes Suchen und Finden, von Anfang an alles oder allmählich Besseres. Welche dieser Alternativen für Xenophanes die eigentlich wichtige war, ist wiederholt erörtert worden (so von W.J. Verdenius, Mnemosyne 8, 1955, 221 und J.H. Loenen, ebd. 9, 1956, 135f.). Der üblichen Meinung, der bestimmende Gegensatz sei der von Göttern und Menschen, stehen m.E. jedenfalls zwei Argumente entgegen: Zwei der erwähnten drei Alternativen stellen eindeutig auf die Prozeßhaftigkeit ab; und ferner, wenn Xenophanes primär den Gegensatz Götter-Menschen im Auge gehabt hätte, würde er in Vers 2 doch wohl kaum auf ein ›auch die Menschen selbst‹ verzichtet haben, das etwa in der Form καὶ αὐτοί anstelle von ἄμεινον leicht möglich gewesen wäre. Vers 1 bringt vielmehr in traditioneller Redeweise und vielleicht, wie Dodds meint, als Echo auf Hesiods Vers κρύψαντες γὰρ ἔχουσι θεοὶ βίον ἀνθρώποισιν (Erga 42) die Tatsache zum Ausdruck, daß den Menschen nicht alles von Anfang an gegeben ist. Kein Paradies auf Erden, kein Idealzustand, weder einst noch heute oder morgen, wohl aber, wie Vers 2 sagt, Korrekturen. Das heißt konkret: Nicht besaßen die Menschen einst und besitzen die Menschen heute ein für allemal ›die‹ Technik des Schiffbaus oder ›die‹ Schmiedekunst, wohl aber haben sie gezeigt, daß sie in der Lage sind, überlieferte und bestehende Verhältnisse zu verbessern.

Literatur: A. Kleingünther, Protos Heuretes. Untersuchungen zur Geschichte einer Fragestellung, (Phil.Suppl. 26, 1) 1933, 1–43; L. Edelstein, The Idea of Progress in Classical Antiquity, Baltimore 1967, XI–XXXIII und 1–19; K. Thraede, RAC Art. Erfinder Sp. 1191–1218 und Art. Fortschritt

Sp. 141-161; E.R. Dodds, The Ancient Concept of Progress, Oxford 1973, 1-15 (=Der Fortschrittsgedanke in der Antike, Zürich 1977, 7-35).

22

Textkritik. ὑποτρώγοντ᾿ in Vers 3 ist nicht zu ändern; ὑπο- bedeutet hier, wie z. B. auch in ὑποπίνω bei Anakreon 356b5 Page, ›unter‹ im Sinne von ›mit dazu‹: Schwyzer-Debrunner II 524. Vgl. auch Plat.Rep. 372c7 καὶ τραγήματά που παραθήσομεν αὐτοῖς τῶν τε σύκων καὶ ἐρεβίνθων καὶ κυάμων, καὶ μύρτα καὶ φηγοὺς σποδιοῦσιν πρὸς τὸ πῦρ μετρίως ὑποπίνοντες.

Für episches εἰς (ἐσσι) in Vers 4 statt des grundsprachlich-attischen εἰ s. J.Wackernagel, Sprachl. Unters. zu Homer 223f. – Für die Schreibung ἔτε᾿ s. Theogn. 222 δήνε᾿ ἔχειν; F 3,3 φάρε᾿ ἔχοντες; West, Studies 95.

Erläuterungen. Essen, trinken und sich unterhalten: so die geregelte Abfolge. Und das Miteinander des physischen und intellektuellen Wohlbehagens, wie es die fünf Verse schildern, ist denn auch traditionell: ἡδύ ἐστιν ἐν δαιτὶ καὶ εἰλαπίνῃ τεθαλυίῃ τέρπεσθαι μύθοισιν, ἐπὴν δαιτὸς κορέσωνται (Hes. fr. 274 MW; vgl. auch Hes. Op. 592f.); χρὴ δ᾿ ἐν συμποσίῳ κυλίκων περινισομενάων ἡδέα κωτίλλοντα καθήμενον οἰνοποτάζειν (Phokylides 14 D); χαίρετε συμπόται ἄνδρες ... χρὴ δ᾿, ὅταν εἰς τοιοῦτο συνέλθωμεν φίλοι ἄνδρες πρᾶγμα, γελᾶν παίζειν χρησαμένους ἀρετῇ, ἥδεσθαί τε συνόντας ἐς ἀλλήλους τε φλυαρεῖν καὶ σκώπτειν τοιαῦθ᾿ οἷα γέλωτα φέρει (Adesp. el. 27 West). Die Odyssee bietet hinreichend Beispiele, und sie bietet Beispiele auch dafür, daß die gegenwärtige Behaglichkeit kontrastiert dem eigenen oder fremden Leiden der Vergangenheit. So nennen die beiden großen Epen gleich zu Beginn die tausend Schmerzen der Achäer und die vielen Leiden des Odysseus; und ähnlich klingt es, wenn Nestor(Od. 3,103-119), Odysseus oder Penelope (Od. 7,241 f. 8,2–15; 23,301–309) erzählen. »Wir beide wollen in der Hütte trinken und essen und uns an den traurigen Kümmernissen von uns beiden in der Erinnerung ergötzen«, so sagt Eumaios zu Odysseus und fügt erläuternd hinzu: »Denn hinterher ergötzt ein Mann sich auch an Schmerzen, wenn er gar viel erlitten hat und viel umhergetrieben wurde« (Od. 15,398–401).

In der Erinnerung, dann nämlich, wenn man selbst mit heiler Haut davongekommen ist, genießt man auch die schmerzlichen Leiden: Genau diese Haltung, wie die Epen sie vorführen, scheint Xenophanes hier zum Programm zu erheben. Was durchaus ernst gemeint sein kann. Anstelle von Scherz und fröhlichem Witz, anstelle auch von jenen nutzlosen Fabeleien, mit denen die Vorfahren sich zu unterhalten pflegten (F 1,22), stellt Xenophanes – ähnlich dem Eumaios – allerdings die Frage nach der eigenen Vergangenheit. Das Ereignis, das über sein und manches andere Leben entschieden hatte, war seinerzeit das Kommen des Meders und die eigene Emigration gewesen; seitdem sind es 67 Jahre, daß er grübelnd durch die hellenischen Lande zieht (F 8). Was ein Mensch ist, das ist er geworden durch die Wechselfälle des Schicksals; und Xenophanes weiß, daß auch er selbst ein anderer geworden wäre, hätte er sein Leben lang in Kolophon und seiner kleinasiatischen Heimat bleiben können. »Wer sind deine Eltern? Wie alt bist du? Wie alt warst du damals?« Solche Fragen setzen die Erinnerung in Gang und damit den Versuch, sich des eigenen Schicksals bewußt zu werden, seine Erfahrungen zu sammeln und zu analysieren. – Möglicherweise ist in diesem Sinne auch die ›Erinnerung‹ in F 1,20 (womit vgl. μνωομένῳ Od. 15,400) zu verstehen.

Doch sind die Verse wirklich ganz und nur ernst gemeint? Das Fehlen des Kontextes und jeglichen Hinweises verhindern vielleicht eine klare Antwort. Doch könnte es sein, daß völlig ohne Ironie die Verse denn doch nicht sind. Denn sicher, der Kontrast zwischen der behaglichen Gegenwart und den vergangenen Leiden ist traditionell. Aber die Art, wie dieser Kontrast hier zur Sprache kommt, ist von besonderer Drastik. Der hohen epischen Formel τίς πόθεν εἰς ἀνδρῶν entspricht unter den Ausdrücken für Essen und Trinken nichts Vergleichbares. Im Gegenteil: So ›voll‹ wie hier der gesättigte Zecher ist im Epos der Magen einer geschlachteten Sau, der, voll Blut und Fett gestopft, zu Wurst bereitet ist (Od. 18,119; 20,26). Daß dasselbe Wort hier und dort (namentlich in den berühmten Versen 20, 22 ff.) verwendet ist, beruht schwerlich auf Zufall. Dann aber klingen die Verse leicht belustigt. Xenophanes scheint nicht ohne Amüsement auf jene Fähigkeit zu sprechen zu kommen, die es dem Menschen erlaubt, im nachhinein auch den überstandenen Leiden noch ein intellektuelles Vergnügen abzugewinnen. Passen würde das gut zu dem Mann, der allem Konventionellen so kritisch gegenübersteht.

Zu einzelnem. Die Formel τίς πόθεν εἰς ἀνδρῶν ist erklärt worden von J. Wackernagel, Vorlesungen über Syntax [2]I 299 f. und H. Fränkel, Glotta 14,1925, 2: τίς erfragt den Namen, πόθεν nicht den Ort, sondern Eltern und Geschlecht (vgl. auch Od. 17,373; 19,162). – ὁ Μῆδος meint nicht den einzelnen, etwa Dareios, Xerxes oder Harpagos, wie als erster Karsten meinte, sondern das Volk; »in erster Linie wird ein solcher Singular gebraucht von Barbaren, wenn sie als staatliche Einheit in Betracht kommen« (Wackernagel a.O. 93). Vgl. Hdt. I 163,3; V 77,3; VIII 143,1; VI 133,1; IX 1; 9,2; 10,3; 27,5. – Zur Frage der Datierung s. oben S. 121 f. zu F8.

23–26

Textkritik. Die vier Fragmente gehören sachlich zusammen; daß sie demselben Kontext entstammen, läßt sich allenfalls vermuten. Tatsächlich könnte F 25 an F 26 anschließen; und in dieser Reihenfolge zitiert Simplikios, der jedoch keinen Hinweis auf unmittelbaren Zusammenhang gibt.

Das anonym überlieferte F 24 hat erstmals Fabricius Xenophanes zugewiesen; und die Zuweisung wird gesichert durch die angeführten Testimonien. – Die in F 26 von Calogero vorgeschlagene und z. T. recht eigenwillig begründete Lesung κρααίνει ergibt guten Sinn: Gott vollendet alles durch seinen bloßen Gedanken; vergleichbar wären einerseits Formulierungen wie Il. 18,328 (Ζεὺς ... πάντα τελευτᾷ) und 19,22, andererseits Kalypsos Worte über die Götter: οἳ μευ φέρτεροί εἰσι νοῆσαί τε κρῆναί τε (Od. 5,170). Doch notwendig ist die Änderung in Wahrheit nicht, zumal da wir über den ursprünglichen Kontext nichts wissen. Daß Gott durch die bloße Kraft seiner Einsicht alles erschüttert, ist ein durchaus verständlicher Ausdruck für seine alle Vorstellung übersteigende Macht; ähnlich wie der Olymp erbebt, wenn Zeus Gewährung nickt (Il. 1,530; vgl. noch Hes.Th. 679 f.). κραδαίνω ist verwendet wie bei Aischyl.Prom. 1047; im übrigen s. unten S. 157 zu F 25.

Erläuterungen. Innerhalb der erhaltenen Reste stellen die neun Fragmente theologischen Inhalts (F 11, 12, 14, 15, 16, 23, 24, 25, 26) eine relativ große Gruppe dar. Zwar bleiben Vermutungen über ursprüngliche Zusammenhänge – etwa F 11 + 12 (unter Streichung von 11,3: Karsten) oder F 26 + 25 (Reinhardt) oder F 25 + 24 + 26 (Untersteiner) – naturgemäß völlig unsicher; wie wir auch nicht wissen, ob wir zerstreute Äußerungen vor uns haben, die von Späteren aus dem Gesamtwerk zusammengestellt worden sind, oder ob jedenfalls einige dieser Fragmente aus einem gemeinsamen Kontext stammen. Immerhin ist genug erhalten, daß nicht nur Thesen, sondern auch die zugehörigen Argumente kenntlich werden.

Neben der kritischen Beurteilung traditioneller Vorstellungen ist Xenophanes zu zwei grundlegenden Einsichten gekommen: Gott ist einzig, und er ist unvorstellbar. Zwei Fragen stellen sich sogleich: Wie ist Xenophanes darauf verfallen, mit dem Gottesbegriff die Einzigkeit und Bilderlosigkeit zu verbinden, und was hat er mit seinen Thesen zum Ausdruck bringen wollen, was sind seine Motive gewesen?

Der Gedanke der Einzigkeit ist offenbar aus dem Epos gewonnen. Daneben mag er Anregungen auch von den jonischen Philosophen und ihrem Suchen nach dem einen Prinzip empfangen haben; doch direkte Zeugnisse dafür fehlen. Später glaubte man zwar zu wissen, der eine Gott des Xenophanes sei kugelförmig (σφαιροειδής) und identisch mit der Welt (Die wichtigsten Stellen bei Guthrie 376f.); eine Frage, die von den Interpreten viel erörtert und unterschiedlich beantwortet ist. Die wörtlichen Fragmente selbst sagen jedoch nichts dergleichen (richtig m.E. Cherniss, Aristotle's Criticism 201 n. 228); und die Doxographen, die an der Kugelgestalt so interessiert sind, hätten sich zweifellos ein wörtliches Zeugnis dafür nicht entgehen lassen – wenn es eines gegeben hätte. Bestimmend für die Kombinationen der Späteren waren offenbar Aristot. Met. A 5.986b1–25, ferner die angebliche Schülerschaft des Parmenides, der sein ὄν zwar auch nicht kugelförmig, aber immerhin ›allseits vollendet, gleich der Masse einer wohlgerundeten Kugel‹ nennt (VS 28 B 8,43), und schließlich das auch heute noch lebendige Bedürfnis, hinter den verschiedenen Äußerungen des Xenophanes ein System zu finden.

Die Beziehungen aber zum Epos sind unübersehbar; und tatsächlich brauchte Xenophanes, um seine These zu formulieren, dessen Tendenzen und Formulierungen nur beim Wort zu nehmen (s. zu F 23). Demgegenüber basiert sein Gedanke der Bilderlosigkeit primär auf dem Vergleich unterschiedlicher Vorstellungen verschiedener Völker. Entscheidend dabei ist, daß er nicht bei Kritik und Karikatur stehen bleibt, sondern ein einziges Prinzip entdeckt, das überall wirksam ist, wo Menschen sich Götter anschaulich vorzustellen suchen: Der Grundfehler ist die Übertragung eigener Erfahrungen und Gegebenheiten; dieser Fehler aber ist, wie Xenophanes sieht, unvermeidlich und stellt sich zwangsläufig überall dort ein, wo anschauliche Götterbilder entworfen werden (F 15). Um nicht ebenfalls in diesen Fehler zu verfallen, spricht er selbst daher über Gott nur via negationis; und tatsächlich läßt keine seiner Formulierungen sich zur Anschauung bringen (F 24–26).

Die Thesen der Bildlosigkeit und der Einzigkeit sind von

Xenophanes offenbar empirisch-analytisch gewonnen. Daß der Gedanke der Einzigkeit Gottes auch aus anderen Grundlagen entwickelt werden kann, zeigt Israel. Dort ist Jahwe, der immer diesen Eigennamen behält und schon deshalb seine Herkunft aus dem Polytheismus nicht verleugnen kann, als Gott Abrahams, Isaaks und Jakobs immer der Gott Israels geblieben. Nur für Israel will Jahwe der einzige sein, denn nur mit ihm hat er seinen Bund geschlossen: So die Glaubensaussage mit ihrer für alttestamentliches Denken so charakteristischen Wendung, daß menschliche Glaubensformen und -entscheidungen als Forderungen Gottes formuliert werden: »Ich bin der Herr, dein Gott, der dich aus Ägypten aus der Sklaverei geführt hat; du sollst keine anderen Götter haben neben mir« (s. dazu auch die Bemerkung G. von Rads oben S. 132 zu F 15). Allmählich erst im Zuge der Seßhaftwerdung Israels und seiner intensiveren Teilnahme an der politischen Geschichte wird der alte Stammesgott Jahwe zum Gott auch des Landes und dann der Geschichte. Aber er wird zum Gott der Geschichte, weil er der Gott Israels ist und bleibt und weil dieses Israel einen Platz in der Geschichte einzunehmen beginnt.

Der eine Gott des Xenophanes, der der größte ist (F 23), ist demgegenüber nicht der Gott seiner Heimat Kolophon oder der Stadtgott Eleas, auch nicht der Schutzgott der Jonier oder der Griechen insgesamt. Er ist überhaupt nicht irgendeine partikulare Gottheit, die mächtiger wurde, weil die Gruppe ihrer Verehrer mächtiger wurde. Und er hat auch keinen Namen. Dieser Gott ist einfach eine Macht, die alle meinen, wenn sie von Gott oder den Göttern reden, und er ist die größte dieser Mächte, weil es wie überall, wo Mächte und Interessen aufeinanderstoßen, eine größte Macht gibt, die sich durchsetzt. Wie jeden die Erfahrung und die literarische Tradition des Epos lehren. Gleichwohl wird diese Macht, die, wenn man so will, empirisch-analytisch durch eine Abstraktion gefunden ist, personhaft empfunden. Sie hört (F 24), und sie setzt sich durch (F 25), aber in unvorstellbarer Weise. Gott handelt (F 24–26), aber wir haben kein Bild von ihm.

Denn jede Vorstellung, die wir uns von ihm machen wollten, müßte zurückgreifen auf bekannte Gegebenheiten und die üblichen Kategorien der Anschauung. Gott aber fügt sich diesen Anschauungen nicht, er ist anders. Denn nicht etwa deshalb entzieht er sich jeder Vorstellung, weil seine Erhabenheit als solche nicht darstellbar wäre; Xenophanes hätte kein Grieche dieser Zeit sein dürfen, wenn er nicht überzeugt gewesen wäre, daß göttliche Souveränität etwa in der Plastik durchaus einen angemessenen Ausdruck finden kann. Doch jede Darstellung fixiert, macht greifbar, vermittelt eine Vorstellung, auf die der Mensch sich glaubt einstellen zu können, und erweckt eben dadurch den Anschein der Berechenbarkeit. Gott aber ist im letzten für den Menschen unverfügbar.

Literatur: L. Köhler, Theologie des Alten Testaments, Tübingen [4]1966; H. Ringgren, Israelitische Religion, Stuttgart 1963. Ferner jetzt der Sammelband ›Monotheismus im Alten Israel und seiner Umwelt‹; hrsg. von O. Keel, (Biblische Beiträge 14) Fribourg 1980.

Zu F 23. Die Meinungsverschiedenheiten in der Deutung dieses oft erörterten Fragments lassen sich auf die Frage zurückführen, ob die Verse drei Prädikate enthalten, oder ob eines dieser Wörter, nämlich εἷς, Attribut ist. Im zweiten Fall wäre zur Verdeutlichung des Verständnisses nur am Ende des ersten Verses ein Komma zu setzen, im ersten Fall auch hinter θεός.

Manche Interpreten suchen der Entscheidung zu entgehen durch eine scheinbar wörtliche Übersetzung; etwa Kranz: »Ein Gott, unter Göttern und Menschen am größten, weder an Gestalt den Sterblichen ähnlich noch an Gedanken«; Kirk-Raven: »One god, greatest among gods and men, in no way similar to mortals either in body or in thought.« Doch eine solche Übersetzung ist nur vertretbar, wenn eine von zwei alternativen Annahmen gemacht wird: Entweder haben wir in den zwei Versen lediglich das Subjekt eines Satzes vor uns, dessen Prädikat nur vermutet werden kann; etwa ›lenkt alles‹. Bei dieser Annahme wird der erhaltene Satzteil ohne weiteres verständlich, und auch die Frage, die den Interpreten so viel Mühe gemacht hat, wie denn der eine Gott sich zu den anderen Göttern verhalte, hat eine einfache Antwort gefunden. Gleichwohl scheint mir die Annahme, wir hätten nur das Subjekt einer Aussage vor uns, nicht sehr wahrscheinlich. Denn sie muß damit rechnen, daß Klemens oder seine Quelle willkürlich gekürzt und ausgerechnet das Verb unterdrückt hätte; was m.E. besonders deshalb wenig einleuchtet, weil für jemanden, der wie Klemens die monotheistischen Tendenzen des Xenophanes im Auge hat, doch gerade auch das Verb von Interesse hätte sein müssen; kaum anzunehmen, daß er es sich hätte entgehen lassen. Immerhin ist die Annahme nicht strikt zu widerlegen. Wer sie macht, hat am Ende von Vers 2 ein Komma zu setzen und eine Fortsetzung anzudeuten. Was aber bisher wohl kein Herausgeber getan hat.

Die andere Annahme, unter der Übersetzungen wie die zitierten sinnvoll werden, wäre die, daß so etwas wie eine Bekenntnisformel vorliegt. Neben vielen anderen Beispielen (etwa [Paul.] Eph. 4,5 εἷς κύριος, μία πίστις, ἐν βάπτισμα· εἷς θεὸς καὶ πατὴρ πάντων. Weitere Stellen bei R. Bultmann, Theologie des Neuen Testaments § 9,2. Zur Geschichte der εἷς θεός-Formel s. auch E. Peterson, ΕΙΣ ΘΕΟΣ, Göttingen 1926) ist besonders aufschlußreich Paul. 1 Kor. 8,4–6:...
Περὶ τῆς βρώσεως οὖν τῶν εἰδωλοθύτων οἴδαμεν ὅτι οὐδὲν εἴδωλον ἐν κόσμῳ, καὶ ὅτι οὐδεὶς θεὸς εἰ μὴ εἷς. καὶ γὰρ εἴπερ εἰσὶν λεγόμενοι θεοὶ εἴτε ἐν οὐρανῷ εἴτε ἐπὶ γῆς, ὥσπερ εἰσὶν θεοὶ πολλοὶ καὶ κύριοι πολλοί, ἀλλ᾽ ἡμῖν εἷς θεὸς ὁ πατήρ, ἐξ οὗ τὰ πάντα καὶ ἡμεῖς εἰς αὐτόν, καὶ εἷς κύριος Ἰησοῦς Χριστός, δι᾽ οὗ τὰ πάντα καὶ ἡμεῖς δι᾽ αὐτοῦ. ›Mögen andere Götter existieren, für uns gibt es nur den einen, zu dem wir uns bekennen‹. Entsprechend hätte Xenophanes gesagt: Für mich existiert nur ein Gott, der größte von allen. Für ein solches ›Bekenntnis‹ und die zu ihr gehörige Ausdrucksform fehlt es nun aber aus der Zeit um 500 an jeder griechischen Parallele; und dieses Fehlen ist nicht zufällig. Die Annahme ist abwegig.

Ich halte es daher für das Wahrscheinlichste, daß die beiden
Verse einen vollständigen Satz enthalten. Dann bleibt die
eingangs genannte Frage nach der Zahl der Prädikate. Ist
auch εἷς Prädikat, so ist ›ein einziger‹ im Sinne von ›nur einer‹
gemeint; wie z. B. in Il. 2,204f. und 12,456. »Es gibt nur einen
Gott.« Diese Aussage steht nun allerdings zum anschließen-
den ›er ist unter Göttern und Menschen am größten‹ in Span-
nung. Und der eklatante Widerspruch kann auch nicht, wie
es oft geschieht, durch Hinweis auf die im Griechischen be-
liebte ›antithetische Abundanz‹ oder ›polare Ausdrucksweise‹ neutralisiert werden. Denn sicher bietet schon das
Epos Belege: Il. 10,249 (angesichts des Kontextes sollte nur
übertriebenes Lob, nicht aber Tadel zur Debatte stehen);
13,424–26.486; 24,44f. (Achill hat bedauerlicherweise keine
αἰδώς: Ein solches Urteil hat nur Sinn, wenn die aidos positive, nicht aber wenn sie positive und negative Wirkungen
hat; letzteres aber besagt der Formelvers); s. im übrigen
Wilamowitz zu HF 1106 (... »weit reichender Gebrauch der
griechischen Sprache, die im Streben nach Fülle und An-
schaulichkeit einen allgemeinen Begriff in irgendeiner dis-
junktiven Form ausspricht, um seine ganz uneingeschränkte
Geltung zu bezeichnen, und dabei über den Kreis des wirklich Denkbaren häufig hinausgeht«). Aber keine der mir bekannten Stellen ist der unseren wirklich vergleichbar: Was
die ersten Worte behaupten, genau das würde durch die
zweite Aussage wieder durchgestrichen. Xenophanes hätte
seiner eigenen Ausdrucksabsicht widersprochen, offenbar
weil er selbst seiner Lehre noch nicht gewachsen war. Snell
fragt denn auch: »Wäre ihm dergleichen noch entschlüpft,
wenn er Parmenides gelesen hätte?«

Alle Schwierigkeiten lösen sich, wenn, wie ich überzeugt
bin, εἷς Attribut ist: *Ein* Gott ist unter Göttern und Menschen
am größten. Diese Auffassung hat überdies den Vorzug, daß
jetzt sofort klar wird, wie sehr diese neue ›Lehre‹ aus dem
Epos abgeleitet ist. Denn dort kommt in der Tat die Einzigkeit und Übermacht des einen Zeus in mannigfaltiger Weise
zum Ausdruck.

Zeus wird im Epos angeredet als κύδιστε μέγιστε (Il. 2, 412 und 5 mal; Hes.Th. 548). Seine Kraft ist am größten, κράτος ἐστὶ μέγιστον (Od. 5,4). Unter den Göttern ist Zeus der höchste und mächtigste, θεῶν ὕπατος καὶ ἄριστος (Il. 19,258; 23,43; Od. 19,303); ὦ πάτερ ἡμέτερε, Κρονίδη, ὕπατε κρειόντων (Il. 8,31; Od. 1,45.81; 24,473). Er ist übermächtig, ὑπερμενής (Il. 2,350 und 9 mal; Hes.Th. 534), und herrscht über Götter und Menschen (Il. 2,669; 12,242; Od. 20,112). Zeus verkündet den anderen Göttern seine Absicht und warnt, ihm entgegenzuarbeiten; er werde sich mit Gewalt durchzusetzen wissen. Wenn sie es aber wollen, sollen sie es ruhig versuchen: »Hängt ein Seil, ein goldenes, auf, herab vom Himmel, und alle faßt an, ihr Götter, und alle Göttinnen! Doch werdet ihr nicht vom Himmel auf den Boden niederziehen Zeus, den höchsten Ratgeber, auch nicht, wenn ihr noch so sehr euch mühtet. Doch sobald auch ich dann im Ernste ziehen wollte: Mitsamt der Erde zöge ich euch hinauf und mitsamt dem Meer; und das Seil bände ich dann um die Spitze des Olymps, und in der Schwebe hinge dann das alles. Soweit bin ich überlegen den Göttern, überlegen den Menschen!« (Il. 8,5–27. Übers. Schadewaldt). Wenn Zeus schweigend und nahezu unbewegt Gewährung nickt, so erbebt der große Olymp (Il. 1,524–30). Die Musen singen davon, wie sehr Zeus der erhabenste ist unter den Göttern und an Stärke der größte, ὅσσον φέρτατός ἐστι θεῶν κάρτει τε μέγιστος (Hes.Th. 49). »Durch Zeus sind die Menschen ruhmlos oder berühmt, bekannt oder unbekannt. Leicht gibt er Gedeihen oder drückt nieder, läßt schwinden den Ansehnlichen, wachsen den Niederen, macht gerade den Krummen und verdorrt den Stolzen« (Hes.Op. 3–7; dazu vgl. Il. 20,242 f.). Zeus ist, wie Hesiod sagt, König der Götter und auch der Menschen (Th. 886.897.923, Op. 668). Doch durch nichts wird seine singuläre Stellung so deutlich wie durch den Vater-Titel: In ihm liegen Nähe und Ferne zugleich, Zuneigung und Achtung. Die bekannte Formel πατὴρ ἀνδρῶν τε θεῶν τε begegnet über 20mal (Il. 1,544 und 14 mal; Hes.Th. 47 und 6 mal). Dabei ist Zeus Ahnherr weder aller Menschen noch aller

Götter; man braucht gar nicht an die älteren Göttergenerationen zu denken, der Hinweis auf Hera und namentlich Poseidon genügt, um zu sehen, daß Zeus in dieser offenbar sehr alten Formel nicht als leiblicher Vater, sondern als Herr seiner Familie und seiner Welt angesprochen wird (s. auch M.P. Nilsson, Gesch. der gr. Rel. ²I 417). Götter und Menschen sprechen von ihm als ›Vater Zeus‹, und mit Ζεῦ πάτερ rufen die Menschen ihn an (die Junktur insgesamt über 80 mal). Wer Vater sagt zu einem Gott, der vertraut der Übermacht und bekennt zugleich die eigene Schwachheit. Der Titel aber besagt auch Ausschließlichkeit: Neben einem Gott als Vater der Seinen und seiner Welt kommen andere Mächte ernsthaft nicht mehr in Betracht.

Vers 1 unseres Fragments sagt also tatsächlich nur, was im alten Epos offen am Tage liegt. So stellen auch die Götter neben dem einen Gott kein wirkliches Problem. Xenophanes spricht von ihnen 9 mal im Plural (F 1,24; 11,1; 12,1; 14,1; 15,4; 16,1; 18,1; 23,1; 34,2); der Singular begegnet dreimal (F 1,13; 23,1; 38,1), wozu noch drei Stellen kommen, an denen θεός Subjekt ist, aber im erhaltenen Text nicht genannt wird (F 24–26). Daß es Götter gibt, bleibt für Xenophanes unbestritten. Das ist im Rahmen griechischer Anschauungen auch keine Frage des Glaubens, sondern allenfalls der Vernunft. Götter leugnen, hieße die Augen schließen vor der Realität, nämlich vor jenen empirisch gegebenen Mächten, die – wie Streit und Kampf und Liebe und all die anderen Mächte, die einst Hesiod zu erfassen versucht hatte – menschliches Leben bestimmen. Das Verhältnis dieser Mächte zu dem einen Gott ist so unproblematisch, wie es für die alten Dichter selbstverständlich war, daß auch Aphrodite, Hera oder Ares und viele andere durchaus Götter sind und deshalb doch, wenn es darauf ankommt, der Absicht des einen Zeus folgen müssen.

Die Aussage von Vers 2, der eine Gott sei weder an Gestalt noch an Einsicht den Menschen ähnlich, erklärt jeden Versuch, sich Gott vorzustellen, für vergeblich. Denn natürlich ist nicht gemeint, ›ähnlich zwar nicht den Menschen, wohl

aber irgendeinem anderen bekannten oder denk- und vor-
stellbaren Wesen‹. Vielmehr wäre jeder Versuch, ein Bild zu
entwerfen, angewiesen auf die eigenen Erfahrungen (s. F 14–
16) und solche Formen des Handelns, Denkens und Gesche-
hens, die allein uns verständlich sind (s. F 24 und 25), und
kann genau deshalb dem, was wir meinen, wenn wir vom
Handeln Gottes sprechen, nicht gerecht werden (s. F 26).

ὁμοίιος ist bei Homer Attribut nur zu πόλεμος, νεῖκος,
γῆρας, θάνατος. Etymologie und Bedeutung (etwa ›gleich-
machend‹) sind unbekannt; zuletzt dazu A.N.Athanassakis,
Rh.Mus. 119, 1976, 4–7. Doch schon an der einzigen Hesiod-
stelle, Op. 182, ist das Wort mit ὁμοῖος bedeutungsgleich,
wie in unserem Vers.

Zu F 24. Der Mensch sieht, erkennt, hört mit seinen je
spezifischen Organen. Und will er sich eine anschauliche
Vorstellung von den Göttern machen, so muß er zwangsläufig auch sie mit solchen Organen ausstatten. Natürlich sind
sie bei Göttern vollkommener; Götter sehen und hören nicht
nur weiter, sondern sie hören, wie es einmal heißt, »überallhin«: Sie hören den Rufer, egal wo sie selbst sich gerade befinden (Il. 16,515 δύνασαι δὲ σὺ πάντοσ᾽ ἀκούειν). Von Helios
kann gesagt werden, daß er alles sieht und alles hört (Il. 3,
277; Od. 11,109; 12,323 ὃς πάντ᾽ ἐφορᾷ καὶ πάντ᾽ ἐπακούει).
Mit dem Hinweis darauf, daß Götter alles wissen, appelliert
Odysseus an Eidothea und Proteus, ihm zu sagen, was er wissen möchte (Od. 4,379.468 θεοὶ δέ τε πάντα ἴσασιν). Wie
denn die Musen den Sänger deswegen umfassend informieren
können, weil sie selbst alles wissen: Auch das Wissen der Götter kann, wenn der Mensch es sich zu erklären sucht, offenbar
in nichts anderem gründen als darin, daß die Götter überall
dabei sind und daher alles sehen (Il. 2,485 ὑμεῖς γὰρ θεαί
ἐστε πάρεστέ τε ἴστε τε πάντα). Hesiod schließlich spricht
vom »Auge des Zeus, das alles erblickt und alles bemerkt«
(Op. 267 πάντα ἰδὼν Διὸς ὀφθαλμὸς καὶ πάντα νοήσας),
wie bei Solon Zeus jedes Ziel überschaut (13,17 West Ζεὺς
πάντων ἐφορᾷ τέλος).

So sehr also die Götter, wie sie im Epos geschildert werden, weiter sehen und hören, vorgestellt werden ihre Wahrnehmungen doch entsprechend denen der Menschen: Es ist das ›Auge‹ des Zeus, das alles sieht; und die Götter wissen deswegen alles, weil sie überall gegenwärtig sind und daher alles sehen können. Offensichtlich halten sich solche Aussagen einerseits im Rahmen dessen, was verständlich zu sein scheint: Wer die Fähigkeit hat, überall dabeizusein, dem bleibt naturgemäß nichts verborgen. Andererseits ist nicht zu übersehen, daß sie etwas beschreiben wollen, das in Wahrheit gerade nicht mehr vorstellbar ist: Ein Ohr, das ›überallhin‹ hört, gibt es so wenig wie ein Auge, das ›alles‹ sieht – es sei denn, diese Organe wären etwas völlig anderes als jene, die an den bekannten Lebewesen zu beobachten sind, hörten also in Wahrheit auf, etwas zu sein, was man sinnvollerweise als Auge und Ohr bezeichnen kann.

Schon die traditionelle Sprache des Epos will, wie die Beispiele zeigen, das Ungewöhnliche und alle Erfahrung Überschreitende zum Ausdruck bringen. Es ist diese Tendenz, die Xenophanes aufgreift und nun allerdings in ganz neuer Weise artikuliert. Das bisherige Sprechen über göttliches Sehen und Hören war der Sache nicht angemessen, da inkonsequent: Hier wurde Ungewöhnliches mit gewöhnlichen Mitteln beschrieben. In Wahrheit jedoch läßt sich über Unvorstellbares nicht sachgerecht reden, als wäre es vorstellbar. Es gilt statt dessen, über Gott in einer Weise zu sprechen, die gerade nicht von menschlichen Erfahrungen ausgeht und so gar nicht erst erwarten läßt, hier sollte das Unvorstellbare unter Rückgriff auf Bekanntes eben doch verständlich gemacht werden.

Xenophanes spricht daher so, daß jeder Versuch, sich aus dem, was er über Gott sagt, ein Bild zu machen, von vornherein ausgeschlossen wird. Gott ist nicht wie alle bekannten Lebewesen differenziert in einzelne Organe, er ist vielmehr ganz Auge, doch auch ganz Einsicht und zugleich ganz Ohr. Auch das ist noch eine Aussage über Gott, aber diese Aussage ergibt kein Bild, denn in ihr wird Gott angesprochen als etwas, das in keiner Weise mehr vorstellbar ist.

νοεῖν heißt im Epos und auch später primär nicht ›denken‹, sondern ›geistig wahrnehmen, erkennen‹ und wird als ein rezeptiver Akt analog der sinnlichen Wahrnehmungen verstanden: Nur deshalb ist die Zusammenstellung der drei Verben ὁρᾶν, νοεῖν, ἀκούειν unanstößig und verständlich. – Als Menelaos in dem Gegner Paris, den Verführer seiner Frau, ›erkennt‹, freut er sich wie ein Löwe, der auf seine Beute gestoßen ist, und tritt ihm entgegen; als dagegen Paris ›erkennt‹, wen er vor sich hat, erschrickt er und zieht sich zurück (Il 3,21–37). νοεῖν meint ›jemanden als jemanden erkennen; Einsicht gewinnen in eine Situation, sie durchschauen; erkennen, wie es um einen steht‹. Die Einsicht, wie sie in νοεῖν gemeint ist, führt den, der sie gewonnen hat, wie von selbst zu einer Reaktion: Man erkennt, was die Stunde geschlagen hat, und verhält sich demgemäß. Von hier aus kann es dann zur Bedeutung ›planen‹ kommen; doch ein solcher ›Plan‹ ist nicht oder wird hier nicht verstanden als der freie Entwurf schöpferischer Phantasie, sondern als eine gleichsam automatische Reaktion auf die Einsicht in eine gegebene Situation. Einsicht führt zu einem Impuls: Wer sieht, in welcher (gefährlichen oder erfreulichen) Lage er sich befindet, will sich entsprechend verhalten. – Die Verbindung, um nicht zu sagen: Identifizierung der intellektuellen mit der voluntativen Komponente scheint für die Griechen charakteristisch gewesen zu sein: Wer das Gute erkannt hat, tut es, wird später Sokrates lehren.

Zu F 25. Auch hier liefert das Epos die besten Erklärungen. Zeus kümmert sich nicht nur aus der Ferne um das Geschehen (Il. 2,27, unten S. 157f.), sondern er wirkt auch direkt und unmittelbar, ohne eines Mittlers zu bedürfen. Er wirkt, wie es gelegentlich heißt, durch seine Einsicht (Il. 15,242; Od. 24,164 ἐπεί μιν ἔγειρε Διὸς νόος. Il. 16,103 δάμνα μιν Ζηνός τε νόος). Seine Einsicht und der aus ihr kommende Handlungsimpuls sind stärker (Il. 16,688; 17,176 ἀλλ᾿ αἰεί τε Διὸς κρείσσων νόος), und selbst Götter können sich da nicht widersetzen (Od. 5,103.137 οὐ πως ἔστι Διὸς νόον αἰγιόχοιο οὔτε παρεξελθεῖν ἄλλον θεὸν οὖθ' ἁλιῶσαι). Seine Einsicht und sein Planen verwirklichen sich (Hes. Th. 1002 μεγάλου δὲ Διὸς νόος ἐξετελεῖτο).

Xenophanes verwendet für Fernwirkungen des Zeus jedoch keine dieser schon im Epos entwickelten Bezeichnungen. Statt dessen verbindet er in der eigenartigen Wendung νόου φρενί zwei Begriffe, die zwar auch im Epos gelegentlich zusammen begegnen, doch dort in ganz anderer Weise. Die φρένες, anatomisch vermutlich ›Zwerchfell‹ (S.Ireland und L.F.D.Stell, Glotta 53, 1975, 183–195), sind der Ort, wo lebhafte, z.T. schockartige Eindrücke empfangen werden; und so ist verständlich, daß dort bisweilen auch der Akt des νοεῖν (zur Bedeutung s. oben S. 154 zu F 24) lokalisiert wird: Il. 9,600 ἀλλὰ σὺ μή μοι ταῦτα νόει φρεσίν. 20,264 (h.Aphr. 223) οὐδ' ἐνόησε κατὰ φρένα. 310 αὐτὸς σὺ μετὰ φρεσὶ σῇσι νόησον. 22;235 νῦν δ' ἔτι καὶ μᾶλλον νοέω φρεσὶ τιμήσασθαι. Od. 1,322 (3,26; h.Aphr. 289) ὁ δὲ φρεσὶν ᾗσι νοήσας θάμβησεν. Ähnliches gilt für νόημα und νόος: Od. 2,363 (15,326) τίπτε δέ τοι, φίλε τέκνον, ἐνὶ φρεσὶ τοῦτο νόημα; 14,273 ἐμοὶ Ζεὺς αὐτὸς ἐνὶ φρεσὶν ὧδε νόημα ποίησεν. Ferner noch 8,559; 18,215.220; h.Dem. 329. Il. 18,419 νόος ἐστὶ μετὰ φρεσίν.

Dabei sind, wie diese Stellen zeigen, die φρένες selbst nie aktiv; vielmehr sind sie in einem bestimmten Zustand, etwas geschieht in oder allenfalls, wie in Il. 10,45, mit ihnen: Διὸς ἐτράπετο φρήν. Nur ganz wenige Stellen führen darüber hinaus. So läßt die dreimal nur in der Odyssee belegte Wendung φρεσὶ γὰρ κέχρητ' ἀγαθῇσι (3,266; 14,421; 16,398) an eine Tätigkeit denken, die mit den phrenes ausgeübt wird; doch auch hier taten, wie Snell bemerkt, »die phrenes nicht eigentlich das Gute, unterließen vielmehr das Nicht-Gute«. Und hierher gehören wohl auch die vier oder fünf Stellen, an denen der Ausdruck μέλει μοί τι ›mir liegt an etwas, etwas liegt mir am Herzen‹ um den Dativ φρεσίν erweitert wird. Nach dem Mahl kommt den Freiern anderes, nämlich Gesang und Tanz, in die phrenes: τοῖσιν μὲν ἐνὶ φρεσὶν ἄλλα μεμήλει, μολπῇ τ' ὀρχηστύς (Od. 1,151). Angesichts des gefallenen Patroklos liegen Achill nicht Essen und Trinken, sondern Mord und Blut in den phrenes: τό μοι οὔ τι μετὰ φρεσὶ ταῦτα μέμηλεν, ἀλλὰ φόνος τε καὶ αἷμα (Il. 19,213). Priamos sollen, so die göttliche Weisung, auf seinem Gang ins griechische Lager nicht Tod und Furcht in den phrenes liegen: μηδέ τί οἱ θάνατος μελέτω φρεσὶ μηδέ τι τάρβος (Il. 24,152.181). Nausikaa schließlich hat, wie sie dem Vater vorrechnet, für saubere Kleidung der ganzen großen Familie zu sorgen: τὰ δ' ἐμῇ φρενὶ πάντα μέμηλεν (Od. 6,65). Die phrenes sind ein Organ, von dem aus ein bestimmtes Verhalten ›gesteuert‹ wird, wobei dieses Verhalten doch lediglich die Reaktion darauf ist, daß gewisse Eindrücke und Gegenstände bzw. ›Gedanken‹ an diese Gegenstände die phrenes berührt haben.

Sofern in F 25 die phren nicht Ort der Rezeptivität, sondern Mittel des Handelns ist, ist die Wendung νόου φρενί daher durchaus unepisch. Doch der geschilderte epische Sprachgebrauch erlaubt, genau zu bestimmen, was Xenophanes zum Ausdruck bringen wollte: Die Einsicht, die Gott gewinnt oder hat, führt zu der entsprechenden Reaktion. »Gott erschüttert die Welt durch seinen tätigen Willen (oder Impuls), der von seiner alles durchdringenden Einsicht ausgeht« (von Fritz 291). Gott erschüttert alles »allein durch die Fähigkeit seiner Einsicht« (Snell, Entdeckung 130).

ἀπάνευθε πόνοιο: Die Leichtigkeit, mit der die ›leicht lebenden‹ (Il. 6,138; Od. 4,805; 5,122; vgl. Hes. Op. 112) Götter zu handeln vermögen, ist häufig betont: Il. 4,130f.; 15,490; 16,690; 17,178; Od. 16,211; Hes.Th. 254,442f., Op. 5-7.379. Und auch der Plastik gelingt im 5. Jh. die Darstellung dieser Leichtigkeit: so Athena in der Atlasmetope (»... Athena, die so unerschütterlich dasteht und durch die leichte, mühelose Bewegung ihres linken Armes das Schicksal entscheidet«. L. Curtius, Interpretationen von sechs griechischen Bildwerken, Bern 1947, 60), so der Poseidon (?) vom Kap Artemision (»Mit der ausholenden Gebärde umfaßt der Gott sein Reich. Leicht wird ihm sein Tun und unerschüttert ragt er in dem Sturm der Elemente«. Curtius 71).

κραδαίνω und κραδάω begegnen im Epos nur in den Formen κραδαινόμενον und κραδάων; und immer ist Subjekt oder Objekt des Schwingens die Lanze (etwa Il. 13,504 αἰχμὴ δ᾽ Αἰνείαο κραδαινομένη κατὰ γαίης ᾤχετο,oder 583 ὀξὺ δόρυ κραδάων). Es liegt auf der Hand, daß dieser feste Sprachgebrauch Xenophanes bekannt war. Bei ihm wird jedoch der weit ausholende Schwung des Speerwurfs zum Ausdruck der Macht dessen, der nicht durch die Kraft seines Armes, sondern kraft seiner Einsicht »alles erschüttert«. Man denkt unwillkürlich an Darstellungen göttlicher Souveränität, wie sie vorliegen etwa in der Statuette eines blitzschleudernden Zeus aus Olympia um 480 v.Chr. oder in der Bronzestatue des Poseidon (oder wohl doch eher Zeus) von 460, gefunden im Meer bei Kap Artemision, mit ihren den Raum beherrschenden Bewegungen. – Zum Olympia-Fund: Die Funde aus Olympia, Herausgegeben von A.Mallwitz und H.V.Herrmann, Athen 1980, Nr. 108; oder H.V. Herrmann, Olympia. München 1972, Tafel 39 b; zur Geschichte dieses Bildtyps E.Kunze, Antike und Abendland 2, 1946, 95–113. Zum Artemision-Fund: R.Lullies und M.Hirmer, Griechische Plastik, München ²1960, Taf. 130–132; dazu R.Wünsche, JdI 94, 1979, 77–111.

Zu F 26. Auch hier ist Xenophanes von bestimmten Darstellungstendenzen des Epos angeregt worden. Götter, die in das irdische Geschehen eingreifen wollen, begeben sich üblicherweise an den Ort der Handlung. So der Normalfall, der hier nicht eigens durch Beispiele belegt zu werden braucht. Anders steht es grundsätzlich nur um Zeus. Er, das ist der vorherrschende Eindruck, lenkt das Geschehen vom Olymp aus. Zwar ist er dabei nicht unbeweglich, denn immerhin gehört er zur olympischen Götterfamilie, nimmt teil an den Mahlzeiten, spricht, droht, nickt Gewährung. Doch um in die Geschichte einzugreifen und seinen Willen durchzusetzen, braucht er seinen Ort nicht zu verlassen. Agamemnon und Priamos erfahren aus dem Munde der Götterbotin, daß Zeus sich um sie sorgt und Anteil nimmt an ihrem Geschick, auch

wenn er fern ist (Il. 2,27.64; 24,174 ὃς σεῦ ἄνευϑεν ἐὼν
μέγα κήδεται ἠδ' ἐλεαίρει). Er wirkt aus der Ferne, durch
Boten, Zeichen oder auf andere Weise (s. auch S. 154ff. zu F
25). Einmal begibt er sich auf den Ida, um dem Geschehen
näher zu sein (Il. 11,182ff.); doch auch dort greift er nicht
direkt ein, sondern schickt Iris mit einer Weisung. Dem Teu-
kros, der auf Hektor zielt, zerreißt er die Bogensehne (15,
461–65), und Hektor stößt er mit mächtiger Hand vorwärts
(15,694f. χειρὶ μάλα μεγάλῃ); doch auch hier ist schwerlich
an leibliche Gegenwart gedacht, der Ausdruck besagt nicht
mehr als unser ›Gott führte ihn mit starker Hand‹. Anders
als die anderen Götter regiert und wirkt Zeus souverän von
seinem angestammten Platz; und wenn er etwas durchsetzen
will, so hat er es nicht nötig, der Sache leibhaftig ›nachzuge-
hen‹ (μετέρχεσϑαι). – Dies sind in Kürze die Tendenzen, die
bei der Ausgestaltung des Zeusbildes im Epos wirksam waren; und Xenophanes nimmt sie gleichsam beim Wort und
verabsolutiert sie.   ʿ

μετέρχεσϑαι heißt nicht, wie gemeinhin übersetzt wird,
›herum-, hin und hergehen‹, sondern ›jemandem oder einer
Sache nachgehen‹ (Il. 5,429; 6,280; 21,422; Od. 3,83; 16,
315): Gott braucht sich nicht selbst zu bemühen.

Auch das Argument, etwas zieme sich nicht (ἐπιπρέπει),
stammt aus dem Epos. Formelhaft sind οὐδὲ ἔοικε, οὔτοι
ἀεικές, ὡς ἐπιεικές. Nicht nur Menschen, auch Götter finden
so die Orientierung für ihr Handeln. Aphrodite entspricht
Heras Bitte, da man der Frau des Zeus billigerweise nichts
abschlagen kann (Il. 14,212 οὐκ ἔστ' οὐδὲ ἔοικε τεὸν ἔπος
ἀρνήσασϑαι). Wenn die Interessen der Götter aufeinanderstoßen, müssen alle anderen alsbald anerkennen, daß Zeus
schließlich doch allein über Troer und Danaer befindet, »wie
es sich geziemt« (Il. 8,431). Vgl. noch das Zwiegespräch zwischen Poseidon und Apollon mit den unterschiedlichen Moti-
vationen (Il. 21, 435–467) und Heras Worte an Hephaistos
(21,379f.). – Wenn, nach Xenophanes, mit der Majestät des
einen Gottes Bewegung nicht vereinbar ist, so nennt er mit
dem ›Geziemenden‹ ein Kriterium, das im Ansatz schon für

die Ausbildung der epischen Vorstellungen gültig gewesen
war.

Literatur zu F 23–26: W.Bröcker, Theologie der Ilias,
Frankfurt 1975 (eigenwillig, z.T. sonderbar, doch lesens-
wert); O.Dreyer, Untersuchungen zum Begriff des Gottge-
ziemenden in der Antike, Hildesheim 1970; K. von Fritz,
Die Rolle des Nous (in: Um die Begriffswelt der Vorsokratiker, WdF 9, herausgegeben von H.G.Gadamer, Darmstadt
1968, 246–359); W. Kullmann, Das Wirken der Götter in der
Ilias, Berlin 1956; C.F. von Nägelsbach, Homerische Theologie, Nürnberg ³1884; E.Norden, Agnostos Theos, Leipzig
1912, 39 Anm. 4; B. Snell, Der Weg zum Denken und zur
Wahrheit, Göttingen 1978, 53–80 (φϱένες-φϱόνησις).

27

Textkritik. Den richtigen Text hat nur Theodoret: τάδε
war bei Xenophanes durch den Kontext bestimmt. Spätere
haben das nicht mehr verstanden und geändert; den Endpunkt dieser fortschreitenden ›Normalisierung‹ bietet Sextus. Wer umgekehrt den Sextus-Text für ursprünglich hält,
kann weder das spätere Eindringen von τάδε noch die Tatsache erklären, daß sonst durchweg γῆς überliefert ist. Für
τάδε (πάντα) s. einerseits die epischen Parallelen, andererseits Heraklit VS 22 B 64; Parmenides VS 28 B 19,1; Empedokles VS 31 B 35,4; dazu West, Early Greek Philosophy 196.

Erläuterungen. Was mit τάδε πάντα gemeint war, ist nicht
sicher zu sagen, da der Vers Ausführungen begründet, die
uns nicht erhalten sind. Gut möglich daher, daß die Wendung
entsprechend dem epischen Sprachgebrauch nur ›alles das‹
meint, worüber vorher gesprochen war, nicht aber ›das alles
hier‹ im Sinne von ὁ κόσμος ὅδε (Heraklit B 30). Im ersten
Fall hätten wir eine konkrete, partikulare Aussage vor uns,
die sich möglicherweise an der Pflanzenwelt orientiert; jeden-

falls ist dort die ›Richtigkeit‹ der Aussage besonders evident. Andernfalls stehen wir vor einer universalen Aussage kosmologischen Charakters.

In diesem zweiten Fall scheint sich allerdings ein Widerspruch zu F 29 und 33 und auch zu Aristoteles zu ergeben. Aristoteles Met. A 8.989 a 5 (und ähnlich De anima 405 b 8) erklärt ausdrücklich, daß keiner von denen, die mit nur einem Element rechnen, die Erde als dieses Element betrachtet hätte. Und gegen die, die später dann doch Xenophanes für eine solche Lehre in Anspruch nehmen, beruft sich noch Galen (in Hippocr. De nat. hom. XV 25 K = CMG V 9,1 S. 15) auf Theophrast, der sicherlich, wenn eine solche Lehre bei Xenophanes zu finden gewesen wäre, das berichtet hätte. Galen und Theophrast stimmen also mit dem entschiedenen Urteil des Aristoteles überein. Angesichts von F 27 verlangt dieses Urteil eine Erklärung.

Nun zählt Aristoteles Xenophanes durchaus zu den Monisten, doch beruft er sich dafür gerade nicht auf unser Fragment, sondern auf seine eher theologische Grundhaltung: Im Hinblick auf den gesamten Himmel habe Xenophanes gesagt, das Eine sei der Gott (Met. A 5.986 b 21). Was, wie Deichgräber meint, möglicherweise schon des Rätsels Lösung ist: Aristoteles sieht in Xenophanes primär nicht den Physiker, sondern den Theologen, der, »da etwas einfältig« (ἀγροικότερος), in einer Geschichte der Prinzipienlehre durchaus keinen Platz hat. Seine Lehren, ob nun monistisch wie in F 27 oder, wie in den anscheinend widersprechenden F 29 und 33, dualistisch, verdienen keine Berücksichtigung. Wie man ja auch die unter Laien verbreitete – und für uns etwa von Polybos, dem Schwiegersohn und Nachfolger des Hippokrates (De nat. hom. 1 = Hippocr. VI 32 Littré = CMG I 1,3 ed. J. Jouanna; zur Frage des Verf. zuletzt A. Anastassiou, Gnomon 50, 1978, 729) repräsentierte – Meinung, alles sei Erde, oder Hesiod, der die Erde als ersten der festen Körper entstehen läßt (Th. 116), in diesem Zusammenhang nicht ernsthaft wird nennen wollen (Met. A 8.989 a 9 und A 4.984 b 27. Auf diese hier abgelehnten ›Autoritäten‹ dürften sich übrigens auch Met. Δ 4.1014b33 und Phys. B 1.193a21 beziehen; etwas anders Cherniss, Aristotle's Criticism 229 n. 50).

Eine andere oder ergänzende Erklärung für das Urteil des Aristoteles, niemand hätte als einziges Element die Erde gelehrt, wäre die, daß für ihn, der noch den vollständigen Text des Xenophanes vor sich hatte, klar war, daß τάδε πάντα eben gar nicht ›diese unsere Welt‹ meint (s. oben). Erst der isolierte Vers konnte später zu einem vermeintlichen Zeugnis für den physikalischen Monismus werden; jedenfalls scheinen auch die späteren Gewährsleute noch gewußt zu haben, daß in diesem Fall ihre doxographischen Angaben, soweit sie Xenophanes betreffen, nicht ganz unproblematisch sind: Sabinos bei Galen (a.O. ὡς ἔν τινι Ξενοφάνης), Sextus (Ξενοφάνης δὲ κατ' ἐνίους) und Olympiodor Alch. (De arte sacr. 24 τὴν μὲν γὰρ γῆν οὐδεὶς ἐδόξασεν εἶναι ἀρχήν, εἰ μὴ Ξενοφάνης ὁ Κολοφώνιος).

Die Behauptung, daß Ausgangs- und Endpunkt der Dinge identisch sind, findet sich als solche schon bei Anaximander VS 12 B 1 (ἐξ ὧν δὲ ἡ γένεσίς ἐστι τοῖς οὖσι, καὶ τὴν φθορὰν εἰς ταῦτα γίνεσθαι κατὰ τὸ χρεών); dann etwa bei Heraklit VS 22 B 36.62.76.88.103, später bei Diogenes von Apollonia VS 64 B 2 und bei Polybos, De nat. hom. 3. Für den formalen Parallelismus im Ausdruck ›Anfang und Ende‹ aber vgl. Il. 9,97 ἐν σοὶ μὲν λήξω, σέο δ' ἄρξομαι; Hes.Th. 48 ἀρχόμεναί θ' ὑμνεῦσι θεαὶ λήγουσί τ' ἀοιδῆς; Th. 34; Hom.hymn. 1,17; 21,4; Theogn. 1; aus späterer Zeit den Vers eines Selenehymnos aus den Zauberpapyri ἐκ σέο γὰρ πάντ' ἐστὶ καὶ εἰς σὲ τὰ πάντα τελευτᾷ (= Pap.Gr.Mag. ²II p. 254).

28

Textkritik. Die Vermutung von Diels, καὶ ῥεῖ sei verdorben aus ηαιρει, verdient aus palaeographischen und sachlichen Gründen den Vorzug. – Zum Metrum in ἱκνεῖται s. Parmenides VS 28 B 8,46.

Erläuterungen. Wenn Homer und Hesiod von den Grenzen der Erde sprechen, so zeigt der Kontext der angegebenen Parallelen, daß in der Regel die äußeren Grenzen gemeint sind am Rande des Ozeans dort, wo beginnt, was unzugänglich und unbekannt ist. Doch gibt es solche Grenzen auch nach unten: Dort in der Tiefe sitzen Iapetos und Kronos (Il. 8,478–81); dorthin waren Briareos, Kottos und Gyges von ihrem Vater Uranos verbannt (Hes.Th. 617–23); dorthin, in kaum vorstellbare Fernen, wo ›die Wurzeln der Erde und des Meeres‹, die ›Quellen und Grenzen von Erde, Tartaros, Meer und Himmel‹ sind, kommen die überwundenen Titanen (Hes. Th. 717–39).

Diese epischen Formulierungen und Bilder werden von Xenophanes übernommen und gleichsam rationalisiert: Gibt es Grenzen der Erde nach unten, dann auch nach oben. Die eine Grenze hier, wo die Erde an den Aer stößt (mit ἠέρι προσπλάζον vgl. Aristot.Phys. 203 b20 τὸ πεπερασμένον ἀεὶ πρός τι περαίνειν), ist sichtbar und zugänglich; die Menschen können sie mit den Füßen betreten. Die untere Grenze aber dehnt sich ins Grenzenlose.

Daß der Gegensatz πεῖρας – ἄ-πειρον beabsichtigt ist, halte ich für sicher: Der widersprüchliche Ausdruck soll präziser jene unvorstellbare Tiefe bezeichnen, die auch Homer und Hesiod an den zitierten Stellen, allerdings in anschaulicher Weise, schon hatten beschreiben wollen. Mit anderen Worten: Nach unten gibt es keine Grenze. Homer kennt – nach Aristarch – den Blick auf das ›grenzenlose Meer‹ (Il. 1, 350; vgl. Od. 4,510), und das Epos spricht häufig von der ›grenzenlosen Erde‹ (s. die Parallelen): Xenophanes nimmt diese Wendung beim Wort und bezieht sie auf die Tiefe.

Zu dieser Interpretation, die zunächst nur aus dem Wortlaut des Fragments gewonnen ist, dürften die Bemerkungen unseres Gewährsmannes und auch die Erörterung des Aristoteles stimmen. Nach dem Arat-Kommentar läßt Xenophanes die Erde nicht schweben, sondern ins Grenzenlose hinabreichen; was besagt, daß sie bei ihm nicht durch anderes gestützt wird so, wie etwa Thales die Erde auf dem Wasser ruhen läßt. Und nach Aristoteles begründen einige, zu denen Xenophanes gehört, die Unbeweglichkeit der Erde, d.h. die Tatsache, daß sie nicht wie andere Körper ständig falle, mit der Behauptung, daß sie nach unten sich ins Unendliche erstrecke; wodurch sie der Mühe enthoben seien, eine wirkliche Begründung zu finden. Dazu stimmt schließlich auch die Angabe bei [Plut.] Strom. 4 (= fr. 179 Sandbach = Dox.Gr. 580), daß die Erde nicht überall vom Aer umgeben sei.

Gegen die, die von den ›grenzenlosen Tiefen der Erde‹ schwatzen, hat sich, wie Aristoteles a.O. bemerkt, schon Empedokles gewandt (VS 31 B 39).

29

Textkritik. Die falsche Zuweisung bei Simplikios wird durch Philoponos korrigiert. Zur Elision γίνοντ' s. Od. 17, 310; 19,561.

Erläuterungen. Bei dem Versuch, alles auf einfachste Anfänge zurückzuführen, hatte schon Hesiod zwei Prinzipien angenommen: »Zuerst entstand das Chaos, dann die Erde« (Th. 116). Erst, so wird man verstehen dürfen, muß der leere Raum vorhanden sein, in den dann als erster fester Körper die Erde treten kann. Aber die Erde ist nicht aus dem Chaos entstanden, sondern nach und neben ihm; die beiden Prinzipien stehen nebeneinander und bleiben getrennt. Auch alles Spätere entsteht nicht aus einer Verbindung dieser beiden, sondern beide Elemente haben ihre eigene Nachkommenschaft, die jede für sich bleibt. Erst innerhalb dieser beiden getrennten Stammbäume gibt es Mischung, beginnt das eigentlich genealogische System. Der Sinn dieser Systematik braucht hier nicht zu interessieren; jedenfalls gehen monistische und dualistische Tendenzen in Hesiods Überlegungen eine merkwürdige Verschränkung ein.

Später bei Pherekydes von Syros (1. Hälfte 6. Jh.) ist Chthonie neben Zas und Chronos eine der drei präexistenten Gottheiten; sie erhält den Namen ›Erde‹ (VS 7 B 1 und 3). Thales läßt bekanntlich alles aus dem Wasser entstanden sein; Anaximander sieht die Arche im Apeiron, Anaximenes im Aer, Heraklit im Feuer. Doch die jonischen Naturphilosophen sprechen auch vom Warmen und Kalten, Trocknen und Feuchten (Anaximander VS 12 A 9; 10; 11,6; 17a; 27; 28; Anaximenes VS 13 A 21). In Anknüpfung wohl hieran und an gewisse Spekulationen der Pythagoreer sah der Arzt Alkmaion aus Kroton die Welt bestimmt durch eine unbestimmte Anzahl von Gegensätzen wie weiß und schwarz, süß und bitter, gut und schlecht, groß und klein (Aristot.Met. A 5.986a 22–b4). Mit zwei antithetischen Grundformen, Feuer und Nacht, rechnet, um die Welt erklären zu können, auch Parmenides (B 8,53); ihnen werden weitere Gegensatzpaare wie ätherisch-dumpf, zart-fest, leicht-schwer (B 8,56–59), links-rechts, weiblich-männlich (B 12,5; 17) zugeordnet, und so wird über diese Mittelglieder letzten Endes jedes Phänomen auf eines der beiden Grundelemente zurückgeführt: Jedes ist einem der beiden zugeordnet (B 9).

Verglichen mit diesem Erklärungsmodell wirkt der Dualismus des Xenophanes einfach und materiell. Seine Formulierungen (γίνοντ' ἡδὲ φύονται, F 33 ἐκγενόμεσθα) erinnern eher an Hesiod, bei dem Hephaistos das Mädchen Pandora ebenfalls aus Erde und Wasser anrühren soll (Op. 61); und eine weitere Ähnlichkeit liegt darin, daß auch Hesiod dann an anderer Stelle, nämlich dort, wo Hephaistos ans Werk geht, nur noch ein Element nennt, die Erde (Op. 70). Die feste Substanz ist, damit sie geformt und variiert werden kann, auf den Zusatz eines flüssigen Elements angewiesen. Möglicherweise steht bei Xenophanes noch die weitere Vorstellung dahinter, daß die beiden Grundsubstanzen im Laufe der Zeit ineinander übergehen (s. unten S. 190f. zu F 37). Im übrigen aber ist seine Meinung, alles, was entsteht, sei Erde und Wasser, sicherlich nicht unabhängig von der Lehre des Anaximander, daß die Lebewesen aus dem Feuchten unter Einwirkung von Wärme entstanden seien (VS 12 A 11 und 30).

30

Textkritik. Die Überlieferung in Vers 2/3 ist gestört; denn was überliefert ist, ergibt weder einen Hexameter noch ist es verständlich. Die Verse 1 und 5 zeigen, daß in der von den Versen 2–3 bzw. 2–4 gegebenen Begründung auch der Wind erwähnt gewesen sein muß; und so ist die Annahme einer Lücke einleuchtender als jeder andere Korrekturversuch. Von Diels stammen zwei Vorschläge zur Ergänzung, die beide jedenfalls den geforderten Sinn geben; mit dem zweiten hat er elegant auf einen Einwand von J. Wackernagel, Sprachl. Unters. zu Homer 95, reagiert.

Erläuterungen. Quelle allen Wassers ist das Meer. Das erinnert zunächst an Homer und Hesiod: Bei beiden stammen alle Flüsse, Quellen und Brunnen aus dem Okeanos (Il. 21,195–97; 20,7–9; Hes. Th. 337–70). Neben diese literarische Tradition aber tritt offensichtlich die Beobachtung: Daß auf dem Meer sich Dunst und Nebel bilden und daß, wo sich Wolken zeigen, oft auch Wind aufkommt, das sind für den, der an den Küsten des Mittelmeers zu Hause ist, natürlich vertraute Erscheinungen. Und auch sie hatten schon im Epos ihre Beschreibung gefunden. Wie Nebel aus dem Meer aufsteigt, so kommt Thetis aus der Tiefe (Il. 1,359). Poseidon versammelt Wolken, wühlt das Meer auf, erregt die Winde und hüllt alles in Wolken (Od. 5,291–96: νεφέλας, πόντον, ἀέλλας παντοίων ἀνέμων, νεφέεσσι. Vgl. 303–05; 9,67–69; 12,313–15). Doch gibt es auch die unmythologische, nüchterne Beschreibung: »Wie die Luft dunkel scheint vor Wolken, wenn sich bei stechender Hitze Sturm erhebt« (Il. 5,864 –5). Wolken sind Zeichen für kommenden Sturm (Il. 4,275 –79; 16,364–5; Od. 12,405–08; Archil. 105 West). Der Wind treibt die Wolken (Il. 5,522–26), wühlt sie auf (11,305–6; 23, 213) und wirft Schnee und Hagel aus ihnen nieder (12,156 bis 58; 15,170–1). Doch auch die Wolke selbst bringt den Sturmwind (Il. 4,278 νέφος ... ἄγει δέ τε λαίλαπα πολλήν). Vom Winde geschwellt ist die Welle unter den Wolken (Il. 15,624

κῦμα ... λάβρον ὑπαὶ νεφέων ἀνεμοτρεφές). Ost- und Süd-
wind stürmen heran ›aus‹ den Wolken (Il. 2,145–6 Εὖρός τε
Νότος τε ὦρορ' ἐπαΐξας πατρὸς Διὸς ἐκ νεφελάων). Von
solchen Beschreibungen der Naturphänomene ist offensichtlich kein großer Schritt mehr zu theoretisierenden Behauptungen, wie sie unser Fragment aufstellt: Ohne Meer keine
Flüsse, keine Wolken, kein Regen, kein Wind, denn aus dem
Meer steigen Nebel und Wolken, und daraus kommen Wind
und Regen.

Mit anderen Worten: Anknüpfend einerseits an mythische
Traditionen, andererseits an Beobachtungen, die ihren
sprachlichen Niederschlag schon im Epos gefunden hatten,
sucht Xenophanes die einschlägigen Phänomene durch die
Annahme eines einzigen einheitlichen Prozesses fortschrei-
tender Verdünnung oder Ausfilterung zu erklären. Das Meer
verdunstet, und so verdünnt es sich zu Nebel und Wolken,
die aber verdünnen sich zu Wind; und umgekehrt.

Diese Interpretation findet nun ihre Bestätigung in doxographischen Angaben, die oben zum Text wiedergegeben
sind. Dabei wird der Eindruck, der Bericht bei Stobaios-
Aetios beruhe allein auf dem zitierten halben Vers und ver-
diene daher wenig Glauben, glücklicherweise durch das Scholion korrigiert. Auch bei Aetios war als Beleg ursprünglich
eine längere Partie zitiert, die dann im Laufe der Zeit, wie so
oft in solchen Fällen, auf vier kümmerliche Anfangsworte
des Zitats verkürzt wurden. Man wird daher zuversichtlich
vermuten dürfen, daß auch jenen doxographischen Angaben,
die in den erhaltenen fünf Versen keine direkte Entsprechung
haben, originaler Wortlaut zugrunde liegt.

Originell ist die Methode, die Xenophanes bei seinem Er-
klärungsversuch befolgt, nun allerdings nicht. Denn jedenfalls das Prinzip, aus einem einzigen Stoff alles andere durch
fortlaufende Trennung der in ihm enthaltenen feineren und
dickeren Partikel, durch Verdünnung und Verdichtung entstehen zu lassen, ist älter und ausdrücklich für Anaximander
und Anaximenes bezeugt. Aus der Erde trennt sich Wasser,
aus Wasser Dunst, der die Atmosphäre füllt; daraus werden

die feineren Partikel zu Wind, die anderen zu Regen: So
Anaximander (VS 12 A 11,7; 24; dazu Gilbert 511-14. Vgl.
auch Aristot. Meteor. B 4. 359b26ff.). Anaximenes setzt
demgegenüber als Grundstoff den Aer, aus dem sich durch
wachsende Verdichtung Wind, dann Wolken, Wasser, Erde
und schließlich Steine bilden (VS 13 A 5: 7,3.7; 17). Doch bei
allen Unterschieden in konkreten Einzelheiten: Die Erklä-
rungsmethode als solche ist offenbar hier und dort identisch.

Während zu diesem Fragenkreis für Anaximander und
Anaximenes allein Berichte der Späteren vorliegen, haben
wir von Xenophanes immerhin auch fünf Verse originalen
Wortlaut. – Zur sprachlichen Form οὔτε-οὔτε-οὔτε-ἀλλά:
Od. 6,43 οὔτ᾽ ἀνέμοισι τινάσσεται οὔτε ποτ᾽ ὄμβρῳ δεύεται
οὔτε χιὼν ἐπιπίλναται, ἀλλὰ μάλ᾽ αἴθρη πέπταται ἀνέφελος.

31

Das Epos spricht vom täglichen ›Aufgehen‹ der Sonne (s.
die Parallelen) und kennt den Beinamen Hyperion. Daß Xenophanes mit ὑπεριέμενος einen Anklang daran beabsichtigt
hat, ist immerhin denkbar; doch er meint, wenn er davon
spricht, daß die Sonne ›empor geschickt‹ wird, etwas ganz
anderes: Die Sonne steigt über der Erde auf, weil sie ihrer
Natur nach nichts anderes ist als Dunst, der aus dem Meer
kommt und sich oben zu einer Wolke sammelt.

In der Tat haben, wie Xenophanes meint, alle meteorologischen und astronomischen Erscheinungen ihre Ursache in
der Verdunstung: So bilden sich Nebel, Wolken, Regen und
Wind (F 30), aber auch Sonne, Mond, Gestirne, ferner Regenbogen (F 32), Elmsfeuer, Sternschnuppen, Blitz und Meteore. »Alles das stammt von der Erde«, sind ihre Produkte,
nicht aber fremde Himmelskörper oder göttliche Wesen.

Ausgangspunkt dieser umfassenden Theorie sind offenbar
ganz einfache Erfahrungen gewesen: Zunächst die Wolken-
und Regenbildung; dann die Erscheinung, daß Wolken
– etwa in der Abendsonne – zu leuchten beginnen und es oft

so aussieht, als würden sie brennen; und daß Wärme aufsteigt, war ebenfalls leicht zu sehen. Wer diese Beobachtungen miteinander verband und dazu den Mut zu spekulativer Verallgemeinerung hatte, der mochte glauben, eine Erklärung gefunden zu haben, die sämtliche Erscheinungen am Himmel verständlich machte.

So entsteht die Sonne – prinzipiell nicht anders als die Wolken und die übrigen Gestirne – dadurch, daß bei der Bildung von Dunst sich die kleinsten Partikel von den anderen isolieren und zur Sonne vereinigen – wie andere Partikel zu Regenwolken. Dabei wird aus den Berichten nicht ganz klar, ob diese Partikel schon ihrer Natur nach heiß sind oder ob sie erst bei der Bewegung des Aufsteigens Feuer fangen. Wenn Theophrast von Funken spricht, so scheint das eher für die erste Möglichkeit zu sprechen; man müßte dann annehmen, die Hitze dieser Partikel sei zunächst gleichsam neutralisiert und werde aktiv erst in der Isolierung (vgl. Aristot. Meteor. 369a 13–15). Doch Xenophanes kennt ,wie die zu F 32 zitierten Berichte zeigen, als Ursache des Leuchtens auch die Bewegung. Wie dem auch sei: Die Bildung von Funken jedenfalls, wie sie sich bei den verschiedensten Gelegenheiten auch damals beobachten ließ, wird nicht ohne Wirkung auf die Überlegungen gewesen sein.

Wenn die Sonne eine leuchtende Wolke ist, so muß für sie gelten, was für jede Wolke gilt: Die ständige Neubildung. Xenophanes zögert nicht, diese Konsequenz zu ziehen. Es gibt unzählige Sonnen; nämlich nicht nur eine neue für jeden Tag, sondern auch jeweils andere Sonnen für die verschiedenen Regionen der Erde. Was auf dem Boden dieser Theorie nur folgerichtig ist: Auch Wolken bedecken jeweils nur ihren Landstrich.

Ob und wie Xenophanes allerdings die Regelmäßigkeit der astronomischen Phänomene und namentlich der Sonnenbahn erläutert hat, erfahren wir nicht. Daß hier ein wesentlicher Unterschied zum (im engeren, modernen Sinn) meteorologischen Bereich besteht, war an und für sich nicht zu übersehen und verlangte eine Erklärung. Xenophanes konnte darauf verweisen, daß bei zunehmender Entfernung Bewegungen gleichförmiger wirken, als sie eigentlich sind. Wichtig aber in diesem Zusammenhang scheinen für ihn namentlich die Sonnenfinsternisse gewesen zu sein. Im Widerspruch zum stetigen Wechsel wird hier gelegentlich der Tag zur Nacht. Und Xenophanes weiß von einer Finsternis zu berichten, die einen ganzen Monat dauerte; was, wie wahrscheinlich gemacht werden konnte, kein Produkt der Phantasie ist, sondern seine Erklärung in Verschmutzungen der Atmosphäre durch vulkanische Eruption findet: West (Greek Philosophy 229,2) bringt aus der Neuzeit eindrucksvolle Beispiele für monatelange Beeinträchtigungen. Vermutlich hat Xenophanes, der zwischen atmosphärisch und astronomisch bedingten Verfinsterungen nicht unterschied, in diesen Tatsachen Hinweise darauf gesehen, daß in Wahrheit auch die Sonne keineswegs so regelmäßig ihre Bahn zieht. Und die Erklärung konnte auch hier die Theorie liefern: In Gebieten, die von uns (d.h. von Lebewesen) nicht bewohnt und also wasserlos sind, findet naturgemäß keine Verdunstung statt; so wenig wie die anderen Wolken, so wenig erhält hier die Sonne eine ergänzende Zufuhr, und so beginnt sie zwangsläufig zu schwinden.

Der tägliche Untergang (und Aufgang) aber ist perspektivische Täuschung. Wie die Wolken in gleicher Höhe dahinziehen, so geht auch die Sonne über die Erdoberfläche, die – mit Anaximenes (VS 13 A 6 und 7,4) – nicht als Kugel, sondern als flache, unbegrenzte Scheibe gedacht ist. Sie geht immer weiter, unbegrenzt (bis sie, so werden wir ergänzen dürfen, irgendwann über Regionen kommt, über denen sie mangels Zufuhr erlischt); doch bei wachsender Entfernung sieht es aus, als nähere sie sich dem Horizont, wie sie sich morgens von ihm zu erheben scheint. Die Behauptung, der Eindruck der Kreisbewegung beruhe auf optischer Täuschung, ist mit der anderen, daß jeden Tag eine neue Sonne entsteht, für Xenophanes in der angedeuteten Weise durchaus vereinbar (Gestört aber ist der Bericht bei Aet. II 24,4: Offenbar sind Sonnenfinsternis und -untergang verwechselt).

Die gleiche Erklärung gilt für den Mond und die übrigen

Gestirne. Konsequenterweise hat dann der Mond als verdichtete Wolke ›eigenes Licht‹ (Die Erkenntnis, daß der Mond mit ›fremdem Licht‹ leuchtet, ist im originalen Wortlaut erstmals bei Parmenides VS 28 B 14 und 15 belegt.). Die Sterne aber leuchten nachts wieder auf wie Kohlen, die ein Luftzug neu zum Glimmen bringt.

Wer in diesen Erklärungen nur das Absonderliche sieht, wird der intellektuellen Leistung schwerlich gerecht; er verkennt insbesondere die Bedeutung der hier befolgten Methode. Sie ist charakterisiert im wesentlichen durch zwei Einsichten oder Entscheidungen. (1) Das Erklärungsbedürftige soll nicht auf unkontrollierbare Annahmen, sondern auf Erfahrungen und Beobachtungen zurückgeführt werden, die grundsätzlich wiederholbar und vermehrbar sind. (2) Gleichartige Erscheinungen haben gleiche Ursachen; was besagt, daß eine Hypothese als um so leistungsfähiger gilt, je ökonomischer sie ist, je weniger sie der Hilfe von Zusatzannahmen bedarf. Nicht, daß Xenophanes diese methodischen Grundsätze als solche formuliert hätte; aber er muß um sie gewußt haben, und er hat seine Überlegungen offenbar an ihnen orientiert. Natürlich hat, wer weiß, daß es sich bei der etwa durch Steinschlag bewirkten Funkenbildung, beim Leuchten des Himmels im Abendrot und beim Schein der Gestirne eben *nicht* um gleichartige Erscheinungen handelt, mit seiner Kritik an den hier gewonnenen Ergebnissen leichtes Spiel. Wer aber die geringe Zahl empirischer Daten, die damals zur Verfügung stand, berücksichtigt, der wird die Sicherheit bewundern, mit der hier der Versuch unternommen wird, auf einer von der Erfahrung gelegten Basis eine einheitliche Erklärung auch für solche Erscheinungen zu geben, die der damaligen Zeit nicht unmittelbar zugänglich waren. Und bewundern wird er ferner die Unbekümmertheit, mit der hier die Überlegungen konsequent auf einer einmal als richtig befundenen Bahn fortschreiten, gleichgültig, wie weit sie sich dabei von herrschenden Anschauungen entfernen.

Literatur: P.J. Bicknell, Eranos 65, 1967, 73–77.

32

Von den offenbar recht ausführlichen Erklärungen, die Xenophanes den atmosphärischen, meteorologischen und astronomischen Erscheinungen gewidmet hat, ist der ursprüngliche Wortlaut nur in diesem Fragment und F 31 (und 37) auf uns gekommen. Während F 31 und namentlich ὑπεριέμενος nur mit Hilfe der doxographischen Berichte verständlich wird, ist in F 32 die Meinung des Xenophanes nicht zu verkennen. Wenn es dessen bedürfte, so würden durch F 32 die Berichte der Späteren bestätigt: ›Auch‹ der Regenbogen ist eine leuchtende Wolke, grundsätzlich genauso wie alle anderen Erscheinungen am Himmel. Dazu s. oben S. 167 f. zu F 31.

Für die Entwicklung seiner umfassenden Theorie ist das Phänomen des Regenbogens möglicherweise von besonderer Bedeutung gewesen. Für die Richtigkeit der Behauptung, alle Lichterscheinungen am Himmel beruhten letztlich auf der Bildung von Dunst und Wolken, konnte hier tatsächlich ein gewisser unmittelbarer Augenschein sprechen.

Angemessener, aber eben unter Verzicht auf eine einheitliche Erklärung aller Himmelserscheinungen, hatte vorher schon Anaximenes das Phänomen erklärt: »Der Regenbogen entsteht bei Sonnenstrahlung auf eine dichte, feste, schwarze Wolke dadurch, daß die Strahlen nicht hindurchdringen können und sich auf ihr sammeln« (Aet. III 5,10 = Dox.Gr. 373: Plut.mor. 894 E). Anaximenes erkennt den Spiegeleffekt. Xenophanes scheint demgegenüber im Regenbogen eine selbständige Wolkenerscheinung gesehen zu haben, die, wenn der Wortlaut des Fragments nicht täuscht, gerade nicht abhängig ist von Sonneneinwirkung. Im Grunde greift er wohl eher auf epische Beschreibungen zurück: Zeus heftet Regenbögen in eine Wolke (Il. 11,27 ἴρισσιν ἐοικότες, ἅς τε Κρονίων ἐν νέφεϊ στήριξε); oder: Wie Zeus einen purpurnen Regenbogen herab vom Himmel spannt, so eilt Athene auf die Erde herab, eingehüllt in eine purpurne Wolke (Il. 17, 547–51 ἠύτε πορφυρέην ἶριν θνητοῖσι τανύσσῃ Ζεὺς ..., ὡς ἡ πορφυρέη νεφέλη πυκάσασα ἓ αὐτὴν δύσετο). An den Stellen des Epos übrigens, wo die Götterbotin Iris gemeint ist (etwa 40 Belege), erinnert an die farbige Naturerscheinung lediglich das dreimal belegte Attribut χρυσόπτερος (Il. 8, 398; 11,185; h.Dem. 314) und allenfalls noch Il. 15,168–72, wenn diese Stelle mit 17,547–49 verglichen werden darf.

Nicht ganz klar ist, was es mit den Bewegungen auf sich hat, die für das Zustandekommen von Elmsfeuer, Blitz, Kometen, Meteoren und Sternschnuppen genannt werden. Jedenfalls scheint Xenophanes, wenn an diesem Punkt auf unsere Gewährsleute Verlaß ist, die Bewegung nur dort als (zusätzliche?) Ursache eingeführt zu haben, wo die Lichterscheinung nach unten gerichtet zu sein scheint oder, wie beim Elmsfeuer, von vornherein sehr niedrig ist. Im übrigen kann möglicherweise (so Cherniss 139 n. 560) die Erklärung, die die jonische Naturphilosophie für Donner und Blitz gegeben hat, zu einer gewissen Erläuterung dienen. »Nach Anaximander wird das alles durch den Wind verursacht. Wenn er nämlich, eingeschlossen in eine dichte Wolke, gewaltsam herausschießt wegen seiner feinen Struktur und Leichtigkeit, dann bewirkt das Zerreißen (der Wolke) das Geräusch, der Kontrast aber zur Schwärze der Wolke das Aufblitzen« (Aet. III 3,1 = Dox.Gr. 367). »Anaximenes gibt dieselbe Erklärung, wobei er hinzufügt, daß die Wasserfläche, wenn sie durch Ruderblätter geteilt wird, glitzernd aufscheint« (Aet. III 3,2 = Dox.Gr. 368).

33

Zur Messung von ὕδατος vgl. F 30,1! Bei Homer hat ὕδωρ langes υ am Versende (52 Belege), im Versinnern nur in der Wendung Στυγὸς ὕδωρ (3), sonst kurzes υ (27); Ausnahme: h.Dem. 381. Im Genitiv und Dativ meist kurzes υ (16), langes υ in Στυγὸς ὕδατος (3) und an weiteren 9 Stellen, von denen 3 in der Ilias (21,300.312; 23,282). Bei Xenophanes haben von insgesamt 7 Belegen vier langes υ (F 5,2; 30,3; 33; 37), drei kurzes (F 1,8; 29; 30,1). Hierzu s. auch W. Schulze, Quaestiones epicae 438–43. – Zur Form -μεσθα s. Il. 21,89; Hes.Th. 684; Schwyzer-Debrunner I 670; H. Rix, Hist. Grammatik des Griechischen, 1976, 247 (§271).

Zur Sache s. oben S. 164 zu F 29.

34

Das Fragment hat endlose Erörterungen hervorgerufen. Dabei stehen zwei Punkte im Zentrum der Kontroverse. Was bedeuten in Vers 2 die Worte καὶ ἅσσα λέγω περὶ πάντων, und was ist in Vers 4 Objekt zu οἶδε? Was sonst noch fraglich ist – und strittig ist nahezu alles –, hat weniger Gewicht und hängt mit an den zwei genannten Fragen. Eine Klärung kann, falls überhaupt, dann nur von einer genauen sprachlichen Analyse erwartet werden. Sie fände ihre Bestätigung, wenn das so verstandene Fragment bei Xenophanes nicht isoliert steht und wenn es sich ferner einordnen läßt in den geistesgeschichtlichen Kontext der Zeit um 500 v. Chr.

Bei Homer ist nur das Adverb σάφα belegt, das fast ausschließlich im Zusammenhang mit οἶδα (15mal) und εἰπεῖν (4) verwendet wird. »Bleib hier«, schilt Odysseus die, die auf den von Agamemnon zum Schein gemachten Vorschlag vorschnell reagieren, »denn noch weißt du nicht genau, was Agamemnon im Sinne hat« (Il. 2,192 οὐ γάρ πω σάφα οἶσθ᾽ οἷος νόος Ἀτρείωνος). Oder in der Rede gegen Thersites: »Wir wissen noch nicht genau, wie unser Unternehmen ausgehen wird« (2,252 οὐδέ τί πω σάφα ἴδμεν ὅπως ἔσται τάδε ἔργα). Öfter ist die Situation so, daß jemand einen Eindruck hat und Grund zu bestimmten Vermutungen, doch keine Sicherheit. »Ich vermute«, sagt Pandaros zu Aineias, »der Gegner vor uns ist Diomedes; doch genau weiß ich nicht, ob es nicht doch ein Gott ist« (Il. 5,183). Oder der Ziegenhirt zu den Freiern im Hause des Odysseus: »Ich habe den Fremden schon vorher gesehen; hat ihn doch der Sauhirt hierher gebracht. Wer er aber eigentlich ist, das weiß ich nicht genau«

(Od. 17,373). Die Tatsache, daß Odysseus auch zehn Jahre nach dem Fall Trojas noch nicht zu Hause ist, legt die Vermutung nahe, er sei tot, doch eine Unsicherheit bleibt; denn niemand vermag genau zu sagen, wann er zugrunde ging (Od. 3,89 οὐγάρ τις δύναται σάφα εἰπέμεν ὁππόϑ' ὄλωλεν). – Genau in dieser Bahn verläuft der Gedanke auch in unserem Fragment: Kein genaues Wissen, wohl aber Vermutung (Vers 4).

Grammatisch spricht alles dafür, daß τὸ σαφές nicht als absoluter Akkusativ adverbiell zu verstehen ist. Denn zwar könnte man für εἰδώς angesichts seiner häufigen Verbindung mit einem Genitiv (z. B. Il. 2,718; 4,310; 6,438; Od. 5,250: ›sich verstehen auf‹) daran denken, es hier absolut zu fassen und direkt mit ἀμφὶ ϑεῶν zu verbinden. Aber ἴδεν verlangt nach festem epischem Sprachgebrauch ein direktes Objekt. »Niemand hat das Genaue gesehen«; wobei ›gesehen haben‹ im Begriff ist, in die Bedeutung ›kennen‹ überzugehen, wie im Epos z. B. dort, wo Aineias zu Achill sagt: »Vom Hörensagen kennen wir jeder des anderen Eltern, von Angesicht aber weder du die meinen noch ich die deinen« (Il. 20,203–05). Da in Vers 1/2 Aorist und Part. Perfekt desselben Verbums koordiniert sind, ließe sich daran denken, εἰδώς in der ursprünglichen Bedeutung ›gesehen haben‹ zu verstehen; doch mit Ausnahme der – übrigens nur in der Odyssee belegten – Wendung παλαιά τε πολλά τε εἰδώς, wo darauf abgestellt ist, daß der Ältere mehr gesehen hat und *deshalb* mehr weiß, ist das präsentische Part. Perf. schon im Epos durchweg eher ein abstraktes ›Kenntnis haben, sich verstehen auf‹ (Über die Bedeutungsentwicklung von οἶδα genauer mein ›Parmenides und die Anfänge‹ 107–112).

Der Mensch hat keine genaue Kenntnis, und er wird keine haben. Mit anderen Worten: Die Aussage zielt nicht auf einen augenblicklichen Defekt, der mit der Zeit zu beheben wäre (F 18), sondern sie nimmt eine schon traditionelle Klage auf und ist grundsätzlich gemeint; wie Semonides 1,4 (οὐδὲν εἰδότες); Mimn. 2,4; Sol. 13,65 (πᾶσι δέ τοι κίνδυνος ἐπ' ἔργμασιν, οὐδέ τις οἶδεν πῇ μέλλει σχήσειν χρήματος ἀρχομένου); Theogn. 135f. 141 (ἄνϑρωποι δὲ μάταια νομί-

174

ζομεν εἰδότες οὐδέν), 159; Parmenides VS 28 B 6,4. Um in diesem Sinne die absolute Gültigkeit seiner Behauptung zum Ausdruck zu bringen, verwendet Xenophanes eine Aussageform (›hat nicht und wird nicht haben‹), die auch das Epos schon kennt: οὐκ ἔσϑ᾽ οὗτος ἀνὴρ οὐδ᾽ ἔσσεται οὐδὲ γένηται ὅς κεν ... (Od. 16,437; vgl. 6,201; 18,79).

Der Bereich, in dem es kein sicheres Wissen gibt, umfaßt »die Götter und alles, was ich sage«. Man hat diese Aussage in doppelter Weise abschwächen wollen: Einmal mit der Annahme, daß das Verdikt natürlich nicht für die eigene Gotteslehre gelte, und zum anderen mit der Behauptung, Xenophanes habe bei seiner Skepsis nur den übersinnlichen Bereich im Auge. Letzteres wird besonders deutlich etwa bei Fränkel (»Natürlich ist Xenophanes davon überzeugt, daß es ihm gelungen sei, mit den Theorien, die er vortragen wird, das Richtige zu treffen«), der in seiner Übersetzung in Vers 3 »über übersinnliche Dinge« hinzufügt. Beide Einschränkungen werden den erkenntniskritischen Überlegungen des Xenophanes nicht gerecht.

Was die Götterlehre angeht, so braucht man in der Tat nicht zu bezweifeln, daß Xenophanes gemeint hat, mit seiner Kritik an herrschenden Vorstellungen recht zu haben. Weder F 18 noch F 34 besagen, daß alle Aussagen gleich wahr oder gleich falsch sind. Vielmehr ist die Behauptung, es gebe kein sicheres Wissen, mit der anderen, daß jedenfalls bestimmte Anschauungen falsch sind (F 11.12.14–16), durchaus vereinbar. Im Blick aber auf die positiven unter den theologischen Fragmenten (F 23–26) ist zu bedenken, daß alle einschlägigen Äußerungen nach Form oder Inhalt negativ sind, im Grunde also nichts anderes besagen, als daß Gott im Rahmen menschlicher Anschauungen – und andere stehen nicht zur Verfügung – nicht zu beschreiben ist. Wer etwa von F 24 aus ein ›Gottesbild‹ des Xenophanes glaubt konstruieren zu können, verkennt hinter der Formulierung die eigentliche Absicht: Ein Wesen, das als ganzes sieht, erkennt und hört, ist so wenig vorstellbar wie eines, das handelt und alles erschüttert, ohne sich zu bewegen (F 25 und 26). Hält man sich nicht an die äußerliche Tatsache, daß in F 23–26 Aussagen über den einen Gott gemacht werden, sondern sieht die kritische Absicht, nicht bloß falsche, sondern Bilder und Vorstellungen überhaupt abzuwehren, so ist kein Widerspruch zu der Behauptung, daß es sicheres Wissen über die Götter nicht gibt.

Schwieriger, so scheint es, ist die offenkundige Zweiteilung von Vers 2 und besonders dessen zweite Hälfte zu verstehen. Man mag fragen, ob hier an eine Unterscheidung von Göttlichem und Menschlichem in dem Sinne gedacht ist, daß es einen Bereich des Unsichtbaren und einen des Sichtbaren gibt. Doch steht zu vermuten, daß damit die Meinung modernisiert wird; auch wäre man bei dieser Auffassung gezwungen, dem Bereich der Götter alle unsichtbaren Dinge, also z. B. auch die Tiefe der Erde (B 28,2) zuzurechnen; was dem Wortlaut widerstreitet. Besser ist es daher, von der zweiten Hälfte von Vers 2 auszugehen: ›Alles, was ich sage‹. Aus diesem Gesamtbereich sind die Götter deshalb eigens aufgeführt, weil sie ein besonders wichtiges Thema darstellen und vielleicht auch, weil hier die Berechtigung der Skepsis verhältnismäßig leicht einzusehen war, zumal angesichts solcher Ausführungen, wie sie in F 14–16 erhalten sind.

Doch was ist ›alles, was ich sage‹? Natürlich nicht jede Äußerung, die Xenophanes tut. Daß er inzwischen 67 Jahre lang durch die Welt zog (F 8), ist zweifellos auch in seinen Augen keine bloße Vermutung. Ebenso wenig will er Anspruch und Selbsteinschätzung, wie er sie in F 2 äußert, relativieren. Was hier mit ›alles‹ gemeint ist, bestimmt sich nach dem ursprünglichen Kontext; und wenn wir über ihn aus der Überlieferung auch nichts erfahren, so besteht letztlich doch kaum Unklarheit. Denn gleichgültig, ob man ein längeres Werk voraussetzt, das Spätere unter dem Titel περὶ φύσεως zitieren (s. oben S. 8 f.), oder ob man mit einer Reihe kürzerer Gedichte rechnet, die, zunächst lediglich thematisch verbunden, erst später zusammengeordnet wurden: Gemeint sind – neben den ausdrücklich erwähnten Göttern – vornehmlich Ausführungen zu solchen Themen, die spätestens seit den jonischen Naturphilosophen diskutiert wurden,

Themen also, wie sie in F 27–33 und F 37 zur Sprache kommen.

Wer sich wie Xenophanes an dieser Diskussion beteiligte, der wußte, daß hier oft Meinung gegen Meinung stand. Und schon diese Erfahrung mußte den, der nicht ganz ohne Selbstkritik war, nachdenklich stimmen. Welche Gründe ließen sich als Stütze der eigenen Meinung geltend machen? In welchem Maß war Sicherheit überhaupt zu erreichen? Es war sozusagen die Sache selbst, die Überlegungen solcher Art vorzeichnete.

Durch Hippolyt (oben S. 82) erfahren wir nun, daß Xenophanes von Fossilien nicht deshalb erzählte, weil er seine Hörer mit Absonderlichkeiten unterhalten, sondern weil er etwas beweisen wollte. Damit wird uns erstmals eine Argumentationsweise bezeugt, die in der Folgezeit wichtig werden sollte und von Anaxagoras dann in die Formel gefaßt worden ist: ὄψις τῶν ἀδήλων τὰ φαινόμενα (VS 59 B 21a; dazu H. Diller, Kl. Schr., München 1971, 119ff.): Das Unbekannte hat sein Bild allein in dem, was in Erscheinung tritt; nur die Phänomene erlauben Rückschlüsse auf das, was nicht direkt zugänglich ist. Das bedeutet konkret: Existenz und Entstehung der Fossilien sind unter gegenwärtigen Umständen unverständlich; doch lassen sich Zustände denken, aus denen heraus solche kuriosen Funde begreiflich werden. Die Fossilien werden so zu Zeugnissen vergangener Zeiten, die von den heutigen allerdings gänzlich verschieden waren, und sie werden zugleich zu Zeugnissen einer Entwicklung. Beides, der vergangene Zustand und die Entwicklung, die zur Gegenwart führte, sind dem Beobachter nicht direkt und unmittelbar, sondern nur in gewissen Erscheinungen – eben in den Fossilien und vielleicht im Wasser, das in einigen Höhlen herabtropft (F 37) – zugänglich. Damit aber bleibt eine grundsätzliche Unsicherheit. Sie besagt nicht, daß jede Meinung falsch und keine richtiger ist als die andere. Im Gegenteil, jeder wird über die Erde und ihre Entwicklung, über Sonne, Gestirne, Blitz, Wolken und Wind nur solche Meinungen vertreten, die er aufgrund gewisser Indizien glaubt verantworten zu können, und er wird hoffen und gegebenenfalls fest überzeugt sein, mit seiner Meinung das Richtige zu treffen. Aber er weiß eben auch, daß er selbst dann, wenn seine Meinung richtig ist, keine Möglichkeit einer direkten Kontrolle hat und immer nur wieder auf Indizien verwiesen ist. Die Zeiten, aus denen die Fossilien stammen, hat niemand erlebt. – Wir würden heute sagen: Es gibt einerseits die Phänomene und ihre Beschreibung durch den Beobachter (das sind die φαινόμενα), und es gibt ihre Deutung (das sind die ἄδηλα); die Kontroverse beginnt erst bei der Deutung.

Vergleichbare erkenntniskritische Überlegungen finden sich bei dem Arzt Alkmaion aus Kroton, einem jüngeren Zeitgenossen (zur kontroversen Lebenszeit Guthrie 342 Anm. 1 und 357–59), und bei Herodot. Beide verwenden in diesem Zusammenhang das Verb τεκμαίρεσθαι, das geradezu als terminologischer Schlüsselbegriff gelten kann: ›Zeichen, die uns als einziges gegeben sind, benutzen, um das Unsichtbare oder jedenfalls Ungesehene, d. h. das nicht direkt Zugängliche, zu deuten.‹ Περὶ τῶν ἀφανέων, περὶ τῶν θνητῶν σαφήνειαν μὲν θεοὶ ἔχοντι, ὡς δὲ ἀνθρώποις τεκμαίρεσθαι: Über das Unsichtbare und über das Sterbliche haben Gewißheit die Götter, als Mensch kann man (nur) aufgrund von Anzeichen Vermutungen äußern (VS 24 B 1). Mit diesem erkenntniskritischen Vorbehalt hat Alkmaion sein Buch begonnen: wobei übrigens auch er, ähnlich wie Xenophanes, das Wissenswerte in zwei Bereiche unterteilt, von denen wir nur leider nicht genau sagen können, wie er sie inhaltlich unterschieden hat. Klar ist nur, daß er nicht etwa sagen will, die Menschen hätten genaue Kenntnis nur von den sichtbaren irdischen Dingen, die Götter auch von den unsichtbaren überirdischen. Vielmehr wird die Unsicherheit menschlicher Erkenntnis für beide Bereiche, d. h. also für alles, was wissenswert ist, behauptet. Wie wir erfahren, hat sich Alkmaion über das Funktionieren von Auge, Ohr und Gehirn geäußert, hat das den Aufbau der Welt bestimmende Prinzip in den Gegensätzen gesehen und von der Seele gemeint, sie sei wie die Gestirne in dauernder Bewegung und wie diese unsterblich. Daß angesichts solcher Themen jemand, der als Arzt gewohnt war, aus Symptomen die zugrundeliegende Krankheit und ihren Verlauf zu erschließen, ein geschärftes Bewußtsein für die erkenntnistheoretische Problematik entwickelte, ist nicht erstaunlich; die menschliche Erkenntnisschwäche und der Widerstreit der Meinungen gehörten hier zur täglichen Berufserfahrung. Und ähnlich sind die Erfahrungen des nachdenklichen Historikers. »Ich vermute, indem ich vom Sichtbaren auf das Unbekannte schließe«, formuliert Herodot (II 33,2 συμβάλλομαι τοῖσι ἐμφανέσι τὰ μὴ γινωσκόμενα τεκμαιρόμενος), als er seine Meinung über den unbekannten Lauf des Nils vorträgt (s. noch I 57,1 und 2; VII 234,1). Und wenn er allgemeine Aussagen, die als solche nicht nach Art sinnlicher Wahrnehmungen unmittelbar gegeben oder sogar kontrovers sind, verifizieren will – so wenn er behauptet, Ägypten sei Schwemmland des Nils, gebildet in vielen tausend Jahren; die Griechen hätten Herakles von den Ägyptern übernommen; jedes Volk hielte bei einem Vergleich seine eigenen Sitten für die besten (II 13,1; 43,2; III 38,2) –, dann bringt er τεκμήρια, Zeichen, die seiner Meinung nach für die Richtigkeit der Behauptung zeugen. Die attischen Gerichtsredner benutzen dann das Wort geläufig als ›Beweis‹.

Die Verse 1–2 weisen, wie οὖν zeigt (zu μὲν οὖν Denniston 470–80), auf vorhergehende Verse zurück. Der Inhalt dieser Verse bleibt uns zwar unbekannt, aber eine Behauptung so grundsätzlichen Charakters wird nicht unvermittelt aufgestellt, zieht vielmehr die Folgerung. Vorher müssen demnach die Unsicherheit und Relativität menschlicher Erkenntnis in irgendeiner Form dokumentiert worden sein. Was jetzt einer Erläuterung bedurfte, war der besondere Geltungsanspruch der Aussage. Gerade die Behauptung, die Unsicherheit menschlicher Erkenntnis sei auch in Zukunft nicht zu überwinden, war angesichts der Tatsache, daß Xenophanes von Verbesserungen und Fortschritt durchaus überzeugt war (F 18), nicht ohne weiteres selbstverständlich. Diese notwendige Erläuterung bringen die folgenden zwei Verse (γάρ).

τετελεσμένον ist in der epischen Sprache nahezu formelhaft. ὧδε γὰρ ἐξερέω, τὸ δὲ καὶ τετελεσμένον ἔσται: So sage ich, und das wird auch vollendet werden. Dieser Vers (Il. 1,212) begegnet insgesamt 15mal. Ähnliche Formulierungen sind Il. 1,388 (ἠπείλησεν μῦθον, ὁ δὴ τετελεσμένος ἐστί), Od. 15,536 (αἲ γὰρ τοῦτο, ξεῖνε, ἔπος τετελεσμένον εἴη); ferner Il. 2,330; 14,48.195f. = 18,426f.; 19,242; Od. 2,272; 3,226; 13,178; 14,160; 18,271; 19,305. Hier liegt ein fester Sprachgebrauch vor; und der ist richtig zu verstehen nur, wenn man sich erinnert, daß das τέλος einer Handlung eigentlich nur bei Zeus liegt: Il. 1,5 (Διὸς δ᾽ ἐτελείετο βουλή) = Od. 11,297; Hes. Op. 669 (ἐν τοῖς γὰρ τέλος ἐστὶν ὁμῶς ἀγαθῶν τε κακῶν τε); Archil. 298 W. (Ζεὺς ἐν θεοῖσι μάντις ἀψευδέστατος καὶ τέλος αὐτὸς ἔχει); Alkaios 200,10 LP; Solon 13,17W.; Semonides 1 W. (ὦ παῖ, τέλος μὲν Ζεὺς ἔχει βαρύκτυπος πάντων ὅσ᾽ ἐστὶ καὶ τίθησ᾽ ὅκῃ θέλει). Umgekehrt sind die Menschen gerade dadurch charakterisiert, daß sie den Erfolg nicht in der Hand haben: Od. 19,561 (οὐδέ τι πάντα τελείεται ἀνθρώποισι); Theogn. 133–42.164 (τέλος δ᾽ ἔργμασιν οὐχ ἕπεται). 617.640 (βουλαῖς δ᾽ οὐκ ἐπέγεντο τέλος). 1075–78; sie können nur reagieren auf das, was der Tag bringt (Od. 18, 130–37; Archil. 131 und 132), und hinnehmen, was die Götter geben (δῶρα θεῶν). So liegt in der formelhaften Redeweise des Epos das denkbar stärkste Versprechen für die Richtigkeit des Gesagten. Und wenn Xenophanes das aufgreift, so denkt er an jemanden, der etwas so sagt, wie es wirklich ist. τετελεσμένον also meint keineswegs etwas, das geringerwertig wäre als τὸ σαφές; vielmehr, was das eine im Bereich der Erkenntnis, das ist das andere im Bereich des Sprechens. Mit anderen Worten: Xenophanes rechnet jedenfalls hypothetisch (›Denn wenn auch‹: εἰ γὰρ καί) durchaus mit dem Fall, daß einer im Bereich der eigentlich problematischen Themen das Richtige sagt. – Zum Optativ τύχοι als Ausdruck einer subjektiven Annahme (›gesetzt den Fall, daß‹) s. Kühner-Gerth II 477, Schwyzer-Debrunner II 685.

Um dieses Sagen ist es allerdings eigentümlich bestellt. Es

gelingt, wie Xenophanes durch seine Formulierung klar macht, wenn überhaupt, dann nur zufällig. Die geläufige Konstruktion τυγχάνειν mit Partizip ist hier wie auch sonst in früher Zeit nicht periphrastisch, sondern bezeichnet das Zufällige an einem Geschehen. Nie wird denn auch von den Göttern in dieser Weise gesprochen; sie setzen durch und vollenden, was sie wollen, ohne dabei auf den Zufall oder glückliche Umstände angewiesen zu sein. Vom Menschen aber, der das τέλος nicht in der Hand hat, gilt, daß ihm sein Vorhaben allenfalls glückt oder gelingt. So gelingt dem Jäger, sein Ziel zu treffen (Il. 15,581 θηρητὴρ ἐτύχησε βαλών). Oder es trifft sich, daß zufällig, doch für die Beteiligten günstig gerade ein Schiff in See geht (Od. 14,334 τύχησε γὰρ ἐρχομένη νηῦς). Um genau dieses Glücken und Gelingen bittet Theogn. 129 μήτ᾽ ἀρετὴν εὔχου Πολυπαΐδη ἔξοχος εἶναι μήτ᾽ ἄφενος· μοῦνον δ᾽ ἀνδρὶ γένοιτο τύχη· – Ausführlicher hierzu mein ›Parmenides und die Anfänge‹ 124f.

Wenn es auch noch so gut gelingt, das Richtige zu sagen, selbst weiß man es gleichwohl nicht. αὐτός ist der Sprecher selbst im Gegensatz zu jenem zufälligen und glücklichen Gelingen, das ihn die Wahrheit hat treffen lassen. Das bedeutet: Der erfolgreiche Sprecher selbst weiß um seinen Erfolg nicht (Zur Geschichte dieses Gedankens: Hippocr. VM 1 = CMG I 1,2 = I 572 L. ... οἷον περὶ τῶν μετεώρων ἢ τῶν ὑπὸ γῆν· ἃ εἴ τις λέγοι καὶ γινώσκοι ὡς ἔχει, οὔτ᾽ ἂν αὐτῷ τῷ λέγοντι οὔτε τοῖς ἀκούουσι δῆλα ἂν εἴη, εἴτε ἀληθέα ἐστὶν εἴτε μή· οὐ γὰρ ἔστι, πρὸς ὅ τι χρὴ ἀνενέγκαντα εἰδέναι τὸ σαφές. Plat. Hipp. min. 367a2 ὁ μὲν ἀμαθὴς πολλάκις ἂν βουλόμενος ψευδῆ λέγειν τἀληθῆ ἂν εἴποι ἄκων, εἰ τύχοι, διὰ τὸ μὴ εἰδέναι. Plat. Men. 80d5).

Aus allgemeinen Erwägungen hat man immer wieder bezweifelt, daß Xenophanes einen solchen Gedanken schon habe fassen können, und statt dessen gemeint, die erste Hälfte von Vers 4 (αὐτὸς ὅμως οὐκ οἶδε) wiederhole nur, was schon in Vers 1–2 gesagt sei: Denn mag er das Richtige sagen, trotzdem gilt, daß er kein aus direkter Anschauung gewonnenes Wissen hat. Bei dieser Auffassung tritt der Gedanke sozusagen auf der Stelle, und die mit γάϱ eingeleiteten Verse bringen keine Begründung, sondern wiederholen rechthaberisch nur die frühere Aussage. Unverstanden bleibt dabei der Gegensatz zwischen τύχοι und αὐτός, zwischen dem zufälligen Gelingen und dem Wissen um den Erfolg, und unverstanden bleibt die in den Versen 3–4 gegebene Begründung. Tatsächlich kann, wenn nach Vers 1–2 niemand das Richtige aus direkter Anschauung *kennt*, wenn aber nach Vers 3 gelegentlich doch jemand das Richtige *sagt*, das Verhältnis der beiden Behauptungen nur so gedacht werden, wie es die erste Hälfte von Vers 4 ausdrückt: daß der Sprecher selbst von seinem Erfolg nicht *weiß*. Nur so auch kommt γάϱ zu seinem Recht. Xenophanes gibt in Vers 3–4 die strenge Begründung für die Aussage der Verse 1–2: Weil der Mensch seinen gelegentlichen Erfolg nicht erkennt, weil er seine Aussage nicht kontrollieren kann, kein Kriterium hat, weil – um hier etwas vorzugreifen – das Unbekannte immer das Unbekannte bleibt, nur deshalb gilt trotz allem Fortschritt, daß auch in Zukunft die Wahrheit niemand kennen wird.

Der Gedanke, daß man das Richtige sagen kann, ohne es zu wissen, ist in Wahrheit für die Zeit um 500 nicht so fremd und neuartig, wie es zunächst scheint. Daß der Mensch nicht weiß, worauf sein Handeln hinausläuft, ist eine Klage, die in früher Literatur immer wieder variiert wird. Daß den Menschen unbewußt bleibt, was sie tun, ist ein Grundgedanke Heraklits (VS 22 B 1 ... τοὺς δὲ ἄλλους ἀνθρώπους λανθάνει ὁκόσα ἐγερθέντες ποιοῦσιν, ὅκωσπερ ὁκόσα εὕδοντες ἐπιλανθάνονται). Xenophanes gibt diesem Gedanken lediglich eine erkenntniskritische Fassung: Die Menschen kennen die Wahrheit nicht, und wenn sie sie aussprechen, so bleibt ihnen das unbewußt. Und schließlich sollte deutlich sein, daß F 34 in Wahrheit nichts anderes ist als eine Explikation der Tekmerien-Methode. Für ihre Struktur ist, wie vorhin (S. 177) gezeigt, charakteristisch die strenge Scheidung zwischen dem Unbekannten und den Erscheinungen. Die Erscheinungen erlauben Schlüsse (τεκμαίρεσθαι) auf das Unbekannte; aber das Unbekannte wird dadurch nicht zum

Bekannten. Es liegt im Wesen dieser Struktur, daß solche Schlüsse das Unbekannte verfehlen, aber auch treffen können, daß aber ein Urteil über Erfolg und Mißerfolg allenfalls bedingt möglich ist. Xenophanes hatte die Relativität menschlicher Gottesvorstellungen erkannt (F 15 und 16), ebenso die Abhängigkeit empirischer Urteile von den jeweiligen Erfahrungen (F 38). Er hatte vielerlei Beobachtungen gemacht (F 37 mit Testim.) und diese als Indizien verwendet, um seine Meinung gegenüber anderen zu begründen. Er glaubte aber auch erkannt zu haben, daß noch so viele Erscheinungen nicht identisch sind mit dem, was unbekannt ist und bleibt, da dieses Unbekannte selbst, wie etwa die Erdentwicklung oder die ›wahre Natur‹ der Sonne, in keiner Weise direkt zugänglich ist. Indizien, und würden sie noch so gehäuft, bleiben Indizien und führen immer nur wieder zu einer – allenfalls besser begründeten – Meinung: δόκος δ᾽ ἐπὶ πᾶσι τέτυκται.

πᾶσι nimmt πάντων auf aus Vers 2, meint also nicht die Menschen, sondern ist Neutrum. δόκος, das nur hier und als Glosse bei Kallimachos 224 Pf. begegnet (s. noch Demetr. Phal. 187 Wehrli; Hesych s.v.), muß entsprechend der üblichen Bedeutung von δοκεῖν und im Blick auf F 14 (δοκέουσι) als ›Annahme, Meinung‹ verstanden werden (Das künstliche, in VS propagierte ›Scheinmeinen‹, wobei ›meinen‹ dann noch in Klammern gesetzt wird, sollte man tunlichst meiden; es erweckt den falschen Eindruck, als wäre das, was Xenophanes hier sagen will, besonders verwickelt). Das Charakteristische der Meinung ist, daß sie durchaus richtig sein kann, aber auf jeden Fall unsicher ist. δόκος, oder das übliche und dann von Parmenides verwendete δόξα, ist präzise das, was mit der Tekmerien-Methode erreichbar ist. Festes Wissen hat der Mensch nicht, aber immerhin: Vermutungen sind möglich.

Der von Xenophanes entwickelte erkenntniskritische Vorbehalt, wie ihn zu Beginn seines Buches kurz und knapp auch Alkmaion ausspricht, wird dann übrigens von Parmenides ohne Abstriche übernommen. Die geringen Reste, die uns vom zweiten Teil seines Werkes erhalten sind, reichen gerade aus, um zu zeigen, daß er hier von so verschiedenen Themen wie den Göttern, den Gestirnen, der Entstehung der Erde, der embryonalen Entwicklung des Menschen gehandelt hat. Das erinnert durchaus an Xenophanes. Die Grundprinzipien, nach denen in diesem physikalisch-kosmologischen Lehrbuch die Phänomene erklärt wurden, sind allerdings andere. Beide Autoren aber sind überzeugt, daß hier über Meinungen, über die Beschreibung von Eindrücken nicht hinauszukommen ist. Die Erklärung der empirischen Welt ist, wie Parmenides sagt, allenfalls plausibel (VS 28 B 8,60; B 19,1), aber nicht beweisbar (B 1,30). Daneben kennt dann Parmenides allerdings ein Gebiet, das bestimmt wird durch das elementare logische Gebilde des kontradiktorischen Gegensatzes und das Prinzip der Widerspruchsfreiheit; und auf diesem und nur auf diesem Gebiet, das durch ihn erst entdeckt und im ersten Teil seines Werkes beschrieben wird, ist auch Wahrheit wieder erreichbar. Was aber die empirische Welt, Physik und Kosmologie, angeht, so ist hier Parmenides in der Einschätzung der Möglichkeit menschlicher Erkenntnis in der Tat ein Schüler des Xenophanes.

35

δοξάζειν begegnet erstmals hier und dann bei Aischylos und Sophokles. »Die Gefährten in der Ferne halten uns für tot, und wir vermuten dasselbe von ihnen« (Aesch.Ag. 673 ἡμεῖς τ' ἐκείνους ταῦτ' ἔχειν δοξάζομεν). »Man könnte (wenn man uns hier jammern hört) glauben, die Klage der in eine Nachtigall verwandelten Prokne zu hören« (Hik. 60 δοξάσει τιν' ἀκούειν ὄπα τᾶς … ἀηδόνος). »Unvermutet, durch Zufall« (Soph.Phil. 545 δοξάζων μὲν οὔ, τύχῃ δέ). Für δοξάζειν gilt offensichtlich dasselbe wie für δόκος (F 34,4): Bestimmend für die Bedeutung ist, daß man nicht ohne Grund gewisse Vermutungen, aber keine Sicherheit hat, sich durchaus irren kann. Wie dieser Vorbehalt auch durch μέν zum Ausdruck kommt: Zwar läßt sich das vermuten, doch …

Schwieriger ist die zweite Vershälfte. Auch im Deutschen sagen wir normalerweise nicht ›wir vermuten zwar, daß das aussieht wie die Wahrheit‹, sondern entweder ›das sieht zwar wie Wahrheit aus‹ oder ›das halten wir zwar für wahr‹. Und dasselbe gilt für das Griechische: Aigisth fragt auf die Nachricht vom Tode Orests (nicht »Wie soll ich das für ähnlich der Wahrheit halten?« sondern) »Wie soll ich das für wahr und wirklich halten?« (Aesch. Ch. 844 πῶς ταῦτ᾽ ἀληϑῆ καὶ βλέποντα δοξάσω;). Auch in unserem Fragment kommt daher ἐοικότα etwas unerwartet (Wie ähnlich übrigens ὁμοῖα in einer der oben S. 79, genannten drei Parallelen: Doch Od. 19,203 ist offenbar ungeschickte Übernahme des Vorbildes Hes.Th. 27; s. West zur Stelle). Behoben würden solche Bedenken, wenn δεδοξάσϑαι absolut und die zweite Vershälfte als Begründung verstanden werden dürfte: »Das mag vermutungsweise gelten, da es tatsächlich aussieht wie die Wahrheit«, aber – wo etwa könnte der Gedanke gegangen sein – da wir nur aus Indizien schließen, bleibt eine Unsicherheit.

ἐοικώς kann oft mit ›wie‹ wiedergegeben werden. »Ihr redet wie Kinder« schilt Nestor (Il. 2,337). Bezwungene Gegner fallen »hochragenden Tannen gleich« (5,560). Aias und Hektor fallen sich an »wie Löwen« (7,256). Natürlich sind die Griechen vor Troja keine Kinder, Menschen keine Löwen. Aber nicht darauf kommt es an, sondern darauf, daß sie sich verhalten wie Kinder sich verhalten, also in einer gewissen, d.h. in der im Augenblick entscheidenden Hinsicht tatsächlich »genau so sind wie Kinder«. Wie eine gefällte Tanne stürzt, genau so stürzt der überwundene Gegner. »Das was ich hier ausführe, macht ganz den Eindruck, als wäre es richtig; und deshalb kann und soll man es hinnnehmen«: Das etwa wird der Vers im ursprünglichen Kontext haben sagen wollen. – ἐοικότα im Sinne von ›plausibel (doch unbewiesen)‹ verwendet dann übrigens auch Parmenides VS 28 B 8,60.

ἔτυμον meint das Tatsächliche, Wirkliche im Unterschied zum Nicht-Seienden (B. Snell, Der Weg zum Denken und zur Wahrheit, Göttingen 1978, 95–100). So auch in den oben S. 79, genannten Parallelen. – Es fällt auf, daß das später

in erkenntnistheoretischen Überlegungen zentrale Wort ἀληθής bei Xenophanes nicht begegnet. Nun wird man angesichts der Spärlichkeit des Erhaltenen mit Schlüssen e silentio
vorsichtig sein. Immerhin: Wenn Xenophanes das Wort ab-
sichtlich gemieden hat, so wohl deshalb, weil es für ihn noch
die alte Bedeutung ›was einem nicht entgangen ist, was man
nicht vergessen hat‹ hatte. Tatsächlich eignet sich ἀληθής in
dieser urspünglichen Bedeutung ja gerade nicht zur Bezeichnung des Wahren als des objektiv Seienden, sondern, wie
dann bei Protagoras, zur Bezeichnung nur des subjektiv
Seienden, dessen also, was dem einzelnen jeweils erscheint,
was *ihm* ἀ-ληθές (=unverborgen, nicht entgangen) ist.

36

Der Vers wird als Beleg für eine grammatische Erscheinung zitiert; s. oben S. 34, zu F 10. – Zum Ausdruck vgl. Od.
3,246 ἰνδάλλεται εἰσοράασθαι; 24,252 ἐπιπρέπει εἰσοράασθαι; Theogn. 216 τοῖος ἰδεῖν ἐφάνη.
Gerne wüßten wir das Bezugswort zu ὁππόσα. Diels hat
ohne Begründung an die Gestirne gedacht; wohl weil φαίνεσθαι im Epos gelgentlich deren Erscheinen bezeichnet.
Fränkel hat hier die Bestätigung seiner Meinung gefunden,
Xenophanes habe mit einem besonderen Bereich des sinnlich
Wahrgenommenen gerechnet, »das er ohne Frage für gewiß
hält.« Doch auch diese Vermutung ist willkürlich; sie steht
zudem nicht nur zu F 38, sondern auch mit dem Bericht bei
Aetios II 24,9 (zitiert oben S. 68, zu F 31) in Widerspruch,
nach dem Xenophanes die Kreisbahn der Sonne für eine
optische Täuschung gehalten hat; was ja besagt, daß für ihn
auch auf die optische Wahrnehmung kein Verlaß ist. Die
Fragmente zeigen nirgends, daß er zwischen sinnlicher und
geistiger Wahrnehmung in dem Sinne geschieden hätte, daß
die eine zuverlässig, die andere unsicher sei. In Wahrheit hat
nach Xenophanes der Mensch überhaupt kein sicheres Wissen – (F 34 spricht von »*allem* was ich sage«) –, und das offen-

bar deshalb, weil er auf Indizien angewiesen ist (s. oben
S. 177) und für seine Orientierung sowohl im Bereich der
Sinne (F 38) wie im Bereich der Theologie (F 15 + 16) entscheidend durch seine persönlichen Erfahrungen bestimmt wird.
Will man überhaupt eine Vermutung wagen, so spricht die
Wahrscheinlichkeit dafür, daß in ὁππόσα nicht ein besonderer, sondern der gesamte Bereich menschlicher Erfahrung
gemeint ist. Weder πεφήνασιν noch εἰσοράασθαι sprechen
dagegen; im Gegenteil. Daß ὁρᾶν und εἰσορᾶν nicht nur die
optische Wahrnehmung von Gegenständen meint, zeigt
schon das Epos: Il. 12,312; Od. 3,246; 15,520; 20,166 (›jemanden betrachten als‹ ist keine optische Wahrnehmung,
sondern ein Urteil); dann z. B. Herodot: I 96,2 (ὁρῶντες
αὐτοῦ τοὺς τρόπους; 190,2 ὁρέοντες αὐτὸν παντὶ ἔθνει
ὁμοίως ἐπιχειρέοντα; 105,4 ὁρᾶν ὡς διακέαται; II 131,3
ὁρῶμεν ὅτι; III 17,2 ὀψομένους τὴν ἡλίου τράπεζαν εἰ
ἔστι ἀληθέως; VII 135,2 ὁρᾶτε ὡς. Mögliche Objekte für
›sehen‹ sind nicht nur Gegenstände, sondern gerade auch
Sachverhalte, und Sachverhalte haben als solche die Form von
Aussagen, implizieren damit ein Urteil. Ein ähnliches Bild
bietet der Sprachgebrauch bei φαίνεσθαι. Athene ›zeigt sich‹
nur dem Achill, von den anderen sieht sie keiner (Il. 1,198).
Obwohl so viele Griechen Troja belagern, zeigt sich noch
kein Ende und Erfolg (2,122 τέλος δ' οὐ πώ τι πέφανται).
Der eine Rat erscheint als der beste (2,5 ἀρίστη φαίνετο
βουλή). Etwas scheint ihnen gewinnbringender zu sein (Od.
14,355 σφιν ἐφαίνετο κέρδιον εἶναι). Von den Mägden
scheint eine die beste zu sein (15,25 δμφάων ἥ τίς τοι ἀρίστη
φαίνεται εἶναι). Was hier in Erscheinung tritt, sind nicht nur
Dinge und Personen, sondern komplexe Sachverhalte, die
Wertung und Urteil voraussetzen. In der Ausdrucksweise
φαίνεσθαι mit Partizip oder Infinitiv ist das im übrigen ganz
geläufig; s. etwa den einschlägigen Artikel im Herodot-Lexi-
kon von J. E. Powell, wo gut differenziert wird. Von Herodot
sei hier nur eine Stelle noch zitiert, weil sie den Tekmerien-
charakter der ›Erscheinung‹ besonders deutlich macht. Gewisse Feste, so behauptet er, habe es zuerst bei den Ägyptern

gegeben, von ihnen hätten es die Hellenen gelernt. »Ein Zeichen dafür ist mir folgendes: Die ägyptischen werden, wie offenkundig ist, schon seit alter Zeit veranstaltet, die griechischen aber sind erst kürzlich eingerichtet« (II 58 τεκμήριον δέ μοι τούτου τόδε· αἱ μὲν γὰρ φαίνονται ἐκ πολλοῦ τευ χρόνου ποιεύμεναι, αἱ δὲ Ἑλληνικαὶ νεωστὶ ἐποιήθησαν). Das frühe Denken und damit auch Xenophanes folgten nur einer im Griechischen gegebenen und auch uns geläufigen Redeweise, derzufolge es so aussieht, als wären Meinungen und Urteile nicht subjektive Akte, sondern ›Erscheinungen‹, die als solche dem Menschen objektiv, von außen, gegeben sind (›Es zeigte sich, daß …‹. ›Es zeigte sich keine Möglichkeit für …‹). Es sollte noch lange dauern, bis die hier liegenden Verwicklungen durchschaut wurden; noch Platon hatte seine Not damit. Xenophanes aber ist für uns der erste, der über diese Fragen intensiver nachdachte und dabei – angesichts des weiten Phänomenbegriffs, der Gegenstände und Personen sowie Sachverhalte und Urteile gleichermaßen umfaßte, nicht ohne Grund – zu der Überzeugung kam, daß der Mensch, angewiesen auf Indizien und bestimmt durch seine zufälligen Erfahrungen, nur vermuten kann.

Möglich daher, daß die Fortsetzung des Verses entsprechend gelautet hat: »daran müssen sie sich halten, da eine andere Quelle für ihre Meinungen nicht existiert; doch mag, was sie erschließen, dann auch plausibel sein, es bleibt unsicher«. – Natürlich ist auch dies, wie gesagt, nur Vermutung.

37

Textkritik. Der Vers ist als Beleg für den singulären Dativ σπεάτεσσι überliefert, der einen nicht bezeugten Nominativ σπέας voraussetzt. – Da im übrigen die Worte einerseits verständlich und metrisch korrekt, andererseits ihr Kontext unbekannt, verbietet sich jede der früher zahlreich vorgeschlagenen Änderungen. – Für καὶ μήν s. Denniston 351–58. Zur Form des indefiniten Pronomens s. Il. 16,227; Od. 11,502;

16,305; 20,114; Hdt. VIII 113,3; IX 27,5; J Wackernagel, Kl.Schr. I 650–53.

Erläuterungen. Der Vers bringt eine Beobachtung, die Xenophanes aus irgendeinem Grund für mitteilenswert gehalten hat. Informationen dieser und ähnlicher Art werden für ihn auch sonst bezeugt. »Von dem Feuer auf Lipara sagt Xenophanes, daß es einmal sechzehn Jahre ausgeblieben, im siebzehnten wiedergekommen sei«; so Aristoteles Mirab. 38 633a15; leider ohne den Zusammenhang mitzuteilen (Welcher der Vulkane auf den aiolischen Inseln gemeint ist, bleibt unklar. Im Altertum scheint der bekannteste nicht der heute noch tätige auf Stromboli, sondern der von Volcano gewesen zu sein, der im 19. Jh. erloschen ist. Thuk. III 88; Antiochos FGHist 555 F 1). Von weiteren naturkundlichen Beobachtungen berichtet Hippolyt im oben S. 82, mitgeteilten Text: Mitten auf dem Festland und auf Bergen gebe es Muscheln; bei Syrakus seien Versteinerungen von Fischen und Robben gefunden (Die angefochtene Lesung φωκῶν ist unbedenklich: Die auch heute noch in Syrakus gefundenen Fossilien stammen aus derselben Tertiärschicht, die auch auf Malta zahlreiche marine Tierformen enthält, und auf Malta sind tatsächlich die Reste eines fossilen Robbenskeletts gefunden worden. Diese präzise paläontologische Auskunft, von Diels einst in VS mitgeteilt, von Kranz dann verunklärt, jetzt Class. Philol. 54, 1959, 121); auf Paros habe sich der Abdruck eines Lorbeerblattes gefunden (Die Lesung ›Paros‹ ist aus paläontologischen Gründen bezweifelt und statt dessen ›Pharos-Lessina‹ an der dalmatischen Küste vermutet worden. Doch inzwischen sind Fossilien gefunden. Für pflanzliche s. Kirk-Raven 178. Über tierische Fossilien berichtet J. Papageorgakis, Prakt.Acad.Athens 43, 1968, 163–74 und 368–76; s. ferner D. J. Papanikolaou, Annales Géologiques des Pays Helléniques 30, 1979, 65–96. Die Kenntnis dieser drei Arbeiten verdanke ich der freundlichen Vermittlung meines Kollegen K. Hermes.), auf Malta zahlreiche marine Fossilien. Ob Xenophanes alles, was hier genannt wird, selbst gesehen, oder ob er sich dafür auf Berichte anderer gestützt hat, wissen wir nicht; einige Jahrzehnte später werden auf Bergen gefundene Muscheln auch von Herodot (II 12,1) und Xanthos (FGHist 765 F 12) erwähnt. Immerhin ist er der erste, von dem solche Beobachtungen bezeugt sind, und die genannten Orte liegen alle so, daß sie für jemanden, der von Kolophon in den Westen gegangen war, ohne weiteres erreichbar waren.

Wichtiger aber ist etwas anderes. Nach Hippolyt hat Xenophanes diese Funde nicht ihrer Kuriosität wegen, sondern als Indizien genannt, um daraus Schlüsse zu ziehen. Und von Hippolyt erfahren wir auch, in welche Richtung diese Schlüsse gingen. Wenn Fische und Pflanzen in versteinerter Form sich dort finden, wo heute festes Land, Berge und Felsen sind, so muß nicht nur die Konsistenz des Materials, das uns diese Abdrücke aufbewahrt, einst anders gewesen sein, sondern auch der Wasserstand: Zu Zeiten so, daß dort Fische schwimmen, dann wieder so, daß Pflanzen wachsen konnten. Mit anderen Worten: Es hat ein Übergang stattgefunden von Wasser zu Erde, wie denn umgekehrt nach Hippolyt Erde auch wieder zu Wasser wird. Wie Hippolyt ausdrücklich sagt – und wir haben keinen Grund, seine Angabe zu bezweifeln –, wiederholt sich für Xenophanes dieser Vorgang periodisch.

Die Gründe, die Xenophanes zur Annahme einer ständigen Wiederholung dieser Vorgänge geführt haben, werden uns leider nicht genannt, lassen sich im Umriß aber wohl rekonstruieren. Wenn die genannten Funde als Indizien innerhalb einer kosmologischen oder erdgeschichtlichen Theorie verwendet werden sollten, wie das bei Xenophanes geschehen, dann war im Grunde zu erwarten, daß von ihnen auf eine Entwicklung von Wasser zu Erde, d. h. auf ein Zurücktreten des Wassers geschlossen wird. In der Tat ist eine solche These, ohne Begründung, für einen der Vorgänger des Xenophanes bezeugt: Nach Anaximander trocknet die Erde, ursprünglich feucht, allmählich aus (Aristot. Meteor. 353 b5; Alexand. Meteor. 67,3–11; Plut. mor. 896 F = Dox. Gr. 381). Demgegenüber hat Xenophanes offenbar genau umgekehrt gemeint, die gegenwärtige Entwicklung führe zur Auflösung der Erde in Wasser. Eine solche These aber war angesichts der Versteinerungen nur dann möglich, wenn Xenophanes zusätzlich annahm, daß ein früherer Prozeß der Austrocknung, für den die Versteinerungen Indiz waren, seinen Höhepunkt überschritten hatte und nun rückläufig war. Für die Annahme einer solchen rückläufigen Bewegung muß Xenophanes also Gründe gehabt haben, die uns allerdings nicht berichtet werden. War es die mythische Tradition von in großen Abständen regelmäßig auftretenden Flutkatastrophen (κατακλυσμοί), die alles Leben vernichten (Plat. Tim. 21e 1–23c8, Leg. 677a4; Aristot. Meteor. 352a29–34)? War es das vermeintliche Steigen des Wasserspiegels? Spuren jedenfalls davon, daß etwa Felsenküsten ausgewaschen werden und langsam zerfallen, ließen sich natürlich auch seinerzeit überall finden. Sobald solche mythischen Traditionen und nüchternen Beobachtungen interpretiert wurden als Hinweise auf ein allmähliches Vordringen des Wassers, waren sie mit jener anderen Entwicklung, von der die Fossilien zu sprechen schienen, in der Tat nur dann zu vereinbaren, wenn ein periodisches Auf und Ab angenommen wurde. Dabei war der Schritt zu einer solchen Annahme vermutlich nicht so groß, wie er uns heute erscheint. Daß menschliches Leben unter dem Gesetz eines ständigen Wechsels steht, daß Hohes erniedrigt, Kleines groß wird, ist eine Überzeugung, die in der archaischen Literatur immer wieder zum Ausdruck kommt. Im 5. Jh. ist Herodot von diesem Lebensgefühl tief durchdrungen. Schon vorher hatte Anaximander den Gedanken ins Kosmologische gewendet, als er den Prozeß, innerhalb dessen die Dinge auseinander entstehen und ineinander vergehen, unter dem Bilde der Vergeltung zu begreifen suchte (VS 12 B 1). Xenophanes brauchte das nur aufzugreifen, um in der Annahme zweier gegenläufiger Prozesse, die einander periodisch ablösen, die Möglichkeit zu gewinnen, übernommene Überzeugungen und eigene Beobachtungen, die auf den ersten Blick sich zu widersprechen schienen, im Rahmen einer einheitlichen Welterklärung verständlich zu machen.

Die Vermutung ist nicht abwegig, daß auch unser Fragment aus einem solchen Zusammenhang stammt, in dem nicht Absonderlichkeiten, sondern Indizien angeführt wurden; Indizien eben dafür, daß unsere Welt im Augenblick in jener Periode steht, da Felsen und Erde allmählich in Wasser übergehen.

So wichtig im übrigen, mangels originalen Wortlauts, der Bericht des Hippolyt für uns ist, die von ihm verwendeten Termini können natürlich für Xenophanes nicht ohne weiteres in Anspruch genommen werden. καταβολή (so für fälschlich überliefertes καταβάλλειν wohl zuerst J. Kerschensteiner) im Sinne von ›Anfang, Grundlage‹ zwar schon bei Pindar N. 2,4; doch als ›Anfang der Welt‹ erst in nachchristlicher Zeit (s. W. Bauer, Wörterbuch zum NT). κόσμος, der ursprünglichen Bedeutung entsprechend als ›die gerade geschaffene Anordnung = der augenblickliche Weltzustand‹ für Anaximander so gut wie gesichert (U. Hölscher, Anfängliches Fragen 27 f.; H. Diller, Kl. Schr. 85–87), könnte in diesem Sinne auch von Xenophanes gebraucht worden sein (von Hippolyt aber natürlich im späteren Sinne mißverstanden). ἀπόδειξις stammt sicher von Hippolyt; wer um 500 v. Chr. von Anzeichen sprechen wollte, die auf etwas hinweisen, aus denen man Schlüsse ziehen konnte, benutzte τεκμήριον und τεκμαίρεσθαι. Zur Bedeutung dieser Argumentationsweise, die wir nun allerdings erstmals bei Xenophanes beobachten, s. oben S. 182 ff. zu F 34.

38

Die Zuweisung an Xenophanes darf als sicher gelten; der Name Xenophon statt Xenophanes begegnet auch F 9. – Zum Irrealis ohne Modalpartikel Schwyzer-Debrunner II 353.686.

So kurz das Fragment ist, so bedeutend ist sein gedankliches Experiment, für das es in der Frühzeit wohl gewisse Vorstufen, doch nichts wirklich Vergleichbares gibt.

In der Natur – so die Überlegungen, die hinter der epigrammatischen Formulierung stehen – finden sich verschieden süße Produkte. Die Grade dieser Süßigkeit ordnen sich zu einer Reihe, auf die jede neue Geschmacksempfindung bezogen wird.

Die Skala selbst mit ihren extremen Werten wird gebildet aus den bis dahin gemachten Erfahrungen. Wer keinen Honig kennt, für den stellen möglicherweise Feigen den extremen Wert; jedenfalls aber stehen sie einem Maximum näher als jetzt, wo ihre Süße von der des Honigs bedeutend übertroffen wird. Wie Xenophanes es ausdrückt: Feigen sind für den, der keinen Honig kennt, viel süßer.

Was damit gesagt werden soll, gilt nicht nur für Geschmacksempfindungen, hat vielmehr exemplarische Geltung: Jede Erfahrung rückt wie von selbst in einen Kontext früherer Erfahrungen; nur innerhalb ihrer ist es möglich, sie zu werten. Insofern ist jede Wertung relativ.

Wir wissen nicht, ob hinter der Formulierung unseres Fragments die Beobachtung steht, daß Honig nicht überall bekannt ist. Zugrunde liegt auf jeden Fall die Einsicht, daß Menschen unterschiedliche Lebensformen, unterschiedliche Anschauungen und Wertungen haben und daß sie darin bestimmt sind durch die Gegebenheiten ihrer Umwelt. Den Blick für solche Verschiedenheiten hat schon die Odyssee (πολλῶν ἀνθρώπων ἴδεν ἄστεα καὶ νόον ἔγνω); im 5. Jh. dann besonders Herodot und die hippokratische Schrift von der Umwelt (CMG I 1,2; ed. H. Diller).

Eines aber ist deutlich. Xenophanes hat die Tatsache, daß die Umwelt des Menschen verschieden ist, und die Beobachtung, daß Lebensformen und Gebräuche u.a. auch von eben dieser Umwelt bedingt sind, zum Anlaß genommen, die Frage nach den menschlichen Wertungen und Urteilen grundsätzlich zu stellen. »Es gibt Menschen, oder jedenfalls sind solche denkbar, die kennen keinen Honig«: In dieser Form bringt der Satz eine Information, die als kurios oder interessant gelten mag. Der hypothetische Satz dagegen »Gesetzt den Fall, es gäbe keinen Honig« wird für den Angeredeten zum Anstoß, über die Bedingungen, unter denen er selbst steht, nachzudenken. In der Tat ist der irreale Bedingungssatz von der Form ›Gesetzt den Fall, daß nicht‹ ein Instrument der Analyse: Dadurch daß andere Umstände als die wirklich gegebenen vorgestellt werden, wird deutlich, wie stark die eigene Umwelt durch eben den Faktor bestimmt ist, der hier versuchsweise ausgeschaltet wird.

Die Denkform der irrealen Bedingung steht hier bei Xenophanes augenscheinlich im Dienst erkenntniskritischer Überlegungen. Nicht gibt es neben einer Welt des Unsichtbaren, über die nur Vermutungen möglich sind, eine Welt der Empirie, die sichere Erkenntnis erlaubt. Vielmehr gilt: So abhängig die Bilder der Götter von Gestalt und Anschauungen ihrer Verehrer (F 15 + 16), so abhängig sind Wertung und Urteil in der empirischen Welt von Umwelt und Erfahrung (s. auch zu F 34.35.36).

Entwickelt ist diese Denkform schon im Epos. »Da hätten die Griechen Troja erobert, wenn nicht ...« (Il. 16,698). »Da wären die Griechen in die Heimat geflohen, wenn nicht ...« (2,155). An solchen Stellen wird durch die stereotype Formulierung – Ilias und Odyssee haben für die formelhafte Struktur insgesamt 50 Belege – die Vorstellungskraft des Hörers in eine Richtung gelenkt, die das Geschehen gerade nicht genommen hat. An und für sich – so der vom Autor beabsichtigte Eindruck – hätte jetzt ein bestimmtes Ereignis eintreten müssen: wenn nicht ein unerwarteter Faktor dazwischengekommen wäre. Auf diese Weise wird, was dann tatsächlich geschieht und was sagengeschichtlich längst festliegt, zum Ergebnis eines Zufalls: Eigentlich, nämlich dann, wenn alles mit rechten Dingen zugegangen, wenn das Geschehen gleichsam sich selbst und seiner eigenen Schwerkraft überlassen geblieben wäre, war alles andere eher zu erwarten als das, was schließlich geschehen ist.

Die irreale Hypothese hat offenbar analytische Kraft. Wenn nach Lage der Dinge hätte geschehen müssen, was doch nicht geschen ist, so ist entweder ein unerwarteter Faktor neu ins Spiel getreten: im Epos in der Regel ein Gott; oder

aber es waren überhaupt noch nicht alle Faktoren bekannt:
dann hält der Kondizionalsatz ›falls nicht‹ sozusagen eine
Leerstelle bereit, in die jene Faktoren einzusetzen sind, die
als die unbekannten Gründe gesucht und gefunden werden
müssen. Doch läßt sich der Gedankengang auch umkehren,
so daß ein bekannter Faktor abgeblendet und dann gefragt
wird, was jetzt eigentlich geschehen müßte. Auf diese Weise
wird die Realität in den Zustand der Bedingtheit versetzt
und das Irreale wird zur konkurrierenden Möglichkeit. Was
wäre mit Sicherheit geschehen, wenn die Athener i.J. 480
nicht so gehandelt hätten, wie sie bekanntlich gehandelt haben? So fragt Herodot und sucht auf diesem Wege seine
These zu beweisen, daß die Athener die Retter Griechen-
lands waren (VII 139). Was wäre geschehen, wenn ich mich
nicht so verhalten hätte, wie ich mich verhalten habe? So
fragt Solon und sucht damit seine Kritiker zu überzeugen,
daß sein Verhalten das einzig vernünftige und für alle Seiten
nützliche gewesen ist (fr. 36,20–25; 37). Was würde geschehen, wenn es keinen Honig gäbe? Xenophanes gibt die
überraschende Antwort ›Die Feigen würden als süßer gelten‹ und demonstriert durch dieses Experiment die Bedingtheit aller menschlichen Meinungen.

42

Aristophanes statt Xenophanes als Autor auch im Etym.
Gen. zu F 38, wo der Fehler durch Etym.Gud. korrigiert
wird. Für die Kontraktion εα>ῆ bei einsilbigen Wörtern hat
Herodian neben dem geläufigen γῆ und unserem Vers nur
drei Belege, die alle nicht attisch sind: Die samischen Horoi
FGHist 544 F 2 νῆ; Pherekydes von Syros VS 7 B 9 Ῥῆ;
Diogenes von Apollonia auf Kreta VS 64 B 10 πλῆ. So hat
die auch paläographisch plausible Vermutung von Seidler,
der Vers gehöre nicht Aristophanes (Meineke FCG II
2,947 = Kock CAF I 395 fr. 9 = fr. 9 Edmonds), sondern
stamme aus dem vierten Sillenbuch des Xenophanes, alle

Wahrscheinlichkeit für sich. – Zur Kontraktion noch Schwyzer-Debrunner I 250.562; West, Studies 82.

A 14

Dort wo Aristoteles Argumentationshilfen gegeben hat für den, der vor Gericht keinen Eid leisten will (Rhet. A 15. 1377 a 8 ff.), faßt er zusammen: »So erweckt er den Eindruck, er lehne den Eid aus Anständigkeit ab, nicht aber aus Furcht vor einem Meineid. Auch das Wort des Xenophanes paßt hier: ›Nicht fair ist die Aufforderung zum Eid, die ein Gottloser an einen Frommen richtet‹; es ist vielmehr, wie wenn ein Starker einen Schwachen zu einer Schlägerei auffordert.«

Das Zitat hat die Form des troch. Tetrameters oder, mit Versende hinter ἴση, des jamb. Trimeters. Die Worte ἀσεβεῖ πρὸς εὐσεβῆ erläutern αὕτη: ›Diese‹ Forderung, die vorher bei Xenophanes erörtert war, ist unbillig, da sie – so die überraschende Erklärung – unter ungleichen Partnern gestellt wird. – Der Hiat wird durch den gedanklichen Einschnitt entschuldigt, so daß die vorgeschlagenen Änderungen wohl unnötig sind; s. auch oben S. 127 zu F 14,2. Das kurze α ist behandelt wie in ἀθάνατος.

Der anschließende Vergleich mit einer Schlägerei, bei der Chancen und Risiken ebenfalls ungleich verteilt sind, stammt höchstwahrscheinlich von Aristoteles; wofür auch die Art sprechen dürfte, wie dann im folgenden Text das Dictum umgedreht wird. Jedenfalls lassen die Worte keine Verse erkennen.

Der Vers ist nur zu verstehen vor der ursprünglichen Einschätzung des Eides. Der Eid ist eine Selbstverfluchung für den Fall, daß die Aussage unwahr ist oder die Zusage nicht eingehalten wird. Da, wer den Eid leistet, sich damit den Göttern ausliefert, ist der Meineid als solcher im Altertum nicht geahndet worden; der Zorn der Götter, der sich über den Meineidigen oder dessen Nachkommen entladen wird, galt als hinreichende Strafe (Einen gewissen Ersatz bot im

Rechtsleben die Klage auf falsches Zeugnis, δίκη ψευδο-
μαρτυρίων).

Die alte Anschauung, daß der Eid so etwas wie ein Got-
tesurteil ist, zeigt noch eine Stelle bei Hesiod, der auf den
Olymp überträgt, was ihm auf Erden geläufig war (Th.
775–806). Wenn im Streit einer der Götter Unwahres sagt,
läßt Zeus ihn schwören beim Wasser der Styx. Im Falle eines
Meineids versinkt der Betreffende sogleich in totenähnlichen
Schlaf, was als Beweis seiner Schuld gilt (793–98). Darauf
wird er zur Strafe für neun Jahre aus dem Kreis der Götter
verbannt (799–804). Auf derselben Anschauung beruht,
wenn in den Rechtsinschriften von Gortyn nur eine der beiden Parteien, in der Regel der Beklagte, zum Eid zugelassen
wird. Leistet er ihn (»Reinigungseid«), so ist der Prozeß zu
seinen Gunsten entschieden; und da er im Eid sich selbst und
seine Nachkommen aufs Spiel setzt, hatte auch die unter-
legene Partei eine gewisse Genugtuung. Scheut er dagegen
vor der Ableistung zurück, so anerkennt er damit das Recht
der Gegenseite. Der Eid kann nicht dem Gegner zugeschoben werden; Leistung oder Verweigerung dessen, der nach
dem Gesetz »näher zum Eid« (ὀρκιώτερος) ist, entscheidet
über den Prozeß.

Im Athen der historischen Zeit fehlt dieser einseitige Parteieneid völlig. Dafür ist dort der prozeßbegründende Eid
ausgebildet, der im Mordprozeß Diomosie, sonst Antomosie
heißt und von beiden Seiten zu leisten ist. Daß auf diese
Weise ein Meineid geradezu erzwungen wird, hat kaum erst
Platon (leg. 948d) gesehen. Zu verstehen ist eine solche Regelung nur geschichtlich aus einer älteren Form des Rechts-
streits, bei der der Kläger seine Beschuldigung eidlich be-
kräftigt und durch diesen ›Voreid‹ den Angeschuldigten zu
einem stärkeren, mitunter durch Eidhelfer unterstützten
›Reinigungseid‹ oder aber zur Aufgabe seiner Position
zwingt.

Das ältere Recht hatte das Urteil streng an formale Bedingungen gebunden. So muß in Gortyn der Richter dort,
wo Zeugen oder Eid vom Gesetz verlangt werden, entspre-

chend diesen Beweismitteln entscheiden; ein Zweifel an dem so erbrachten Beweis ist ihm nicht erlaubt. Nur wo diese Beweise fehlen, soll er unter Eid in freier Würdigung der Sachlage urteilen. Damit war die weitere Entwicklung vorgezeichnet: Freie Würdigung der Sachlage und freie Beweiswürdigung mußten zu einer Entwertung der auch weiterhin von den Parteien zu leistenden Eide führen. Für Athen ist dieser Zustand schon um 600 v. Chr. erreicht: Wo Zeugen und schriftliche Beweismittel fehlen, sollen nach einem Gesetz Solons (F 42 Ruschbenbusch) beide Parteien einen Eid leisten, worauf der Richter zu urteilen hat, wessen Eid gut ist (πότερος εὐορκεῖ τῶν κρινομένων).

Mit der freien Beweiswürdigung der Richter sinkt der ursprünglich als Beweismittel dienende Parteieneid zur bloßen Prozeßeinleitung herab. Vermutlich gleichzeitig dazu entwickelt sich eine neue Form prozessualer Eidesleistung, die sog. Proklesis. Hier kann jede Partei, um etwas zu beweisen, den eigenen Eid anbieten oder den Gegner zum Eid auffordern; doch genau wie bei der peinlichen Befragung von Sklaven ist man auch hier jeweils auf die vorherige Einwilligung der Gegenseite angewiesen, so daß auch der angebotene eigene Eid nur dann als Beweismittel verwendbar ist, wenn zuvor mit dem Gegner eine Einigung über den Wortlaut erreicht war. Das Gericht war dadurch in seiner freien Beweiswürdigung nicht gehindert. Doch die Parteien konnten Angebot oder Ablehnung je nach Interessenlage in ihren Argumentationen natürlich trefflich verwenden. Für Athen ist diese Art der Proklesis erstmals bei Aischylos Eum. 429 erwähnt. Älter ist das Zeugnis des Xenophanes, dessen sarkastische Bemerkung nun allerdings auch zeigt, wie wenig damals die verfluchende Kraft des Eides noch von allen geglaubt wurde.

Diese Entwertung war schon des längeren auf dem Wege; und gesetzliche Regelungen wie die, die eben von Solon erwähnt wurde, mußten ihr durchaus Vorschub leisten. Die Klage über Eidbruch ist denn auch alt. Theognis spricht von den die Männer verderbenden Eiden (399); unter den Menschen haben Eide keine Gültigkeit mehr (1139). Archilochos (172 und 173 W.), Hipponax (115 W.), Alkaios (129,23 LP) empören sich über den Bruch eidlicher Versprechungen. Und schon Hesiod weiß: »Eidestreue wird nicht gedankt. Das Recht liegt in der Stärke. Der Schlechte schädigt den Besseren unter dem Schirm krummer Worte und schwört noch einen Eid dazu« (Op. 190–95). Daneben aber gibt es schon früh auch die unbefangene Wertschätzung dessen, der durch trügerisches Spiel mit Worten den Eid zu seinem Vorteil einzusetzen weiß: Der Großvater des Odysseus übertrifft die Menschen durch Diebstahl und Eid (Od. 19,396 ὃς ἀνϑρώπους ἐκέκαστο κλεπτοσύνῃ ϑ' ὅρκῳ τε). Und Hermes, dem Autolykos diese Fähigkeiten verdankt, kennt auch selbst keine Skrupel (h. Merc. 274).

Wie immer der Zusammenhang war: Die Formulierung stammt von jemandem, der sah, welche ärgerlichen Folgen es hat, wenn Formen archaischen Rechts in aufgeklärteren Zeiten ihre Geltung behalten.

Literatur: K. Latte, Heiliges Recht, Tübingen 1920, 5–28; Kl. Schr., München 1968, 367–75; H.J. Lipsius, Das att. Recht und Rechtsverfahren, Leipzig 1905–15, 895–99; A.R.W. Harrison, The Law of Athens II, Oxford 1971, 150–53.

LITERATURVERZEICHNIS

Ausgaben und Arbeiten mit Text der Fragmente

Bergk Theodor Poetae Lycrici Graeci ⁴II, Leipzig 1882, 110–16.

Brandis Christian August Commentationum Eleaticarum pars I. Altona 1813, 1–83.

Diehl Ernst Anthologia Lyrica Graeca ³I, Leipzig 1949, 63–74.

Diels Hermann Poetarum Philosophorum Fragmenta. Berlin 1901, 20–47.

– (VS) Die Fragmente der Vorsokratiker, Band I–III, 5. und folgende Auflagen hrsg. von Walther Kranz. Berlin 1934ff.

Edmonds J.M. Elegy and Jambus I. London 1931, 182–215.

Gentili Br. et Prato C. Poetae Elegiaci, Pars I. Leipzig 1979, 144–83.

Karsten Simon Xenophanis Colophonii carminis reliquiae (Philosophorum Graecorum veterum operum reliquiae I 1). Amsterdam 1830.

Kirk G.S. and Raven J.E. The Presocratic Philosophers. Cambridge 1957, 163–81.

Kranz Walther Vorsokratische Denker. Berlin ³1964, 56–64.

Snell Bruno Frühgriechische Lyriker. Erster Teil: Die frühen Elegiker. Deutsch von Z. Franyó und P. Gan, griechischer Text bearbeitet von B. S. Berlin ²1981, 76–91.

Stephanus Henricus Poesis Philosophica. Paris 1573.

Untersteiner Mario Senofane, Testimonianze e frammenti. Firenze 1956 (1967).

West Martin L. Iambi et Elegi Graeci II. Oxford 1972, 163–70.

Monographien und Aufsätze

Bowra Cecil Maurice Early Greek Elegists. 1938 (New York 1965), 105–35.

– Problems in Greek Poetry. Oxford 1953, 1–37.

– On Greek Margins. Oxford 1970, 109–21.

Calogero Guido Studien über den Eleatismus. Darmstadt 1970.

Cherniss Harold Aristotle's Criticism of Presocratic Philosophy. Baltimore 1935.

– The History of Ideas and Ancient Greek Philosophy. In: Selected Papers. Leiden 1977, 36–61.

– The Characteristics and Effects of Presocratic Philosophy. In: Sel. Pap. 62–88.

Deichgräber Karl Xenophanes Περὶ φύσεως. Rhein. Mus. 87, 1938, 1–31.

Denniston J.D. The Greek Particles. Oxford ²1959.

Eisenstadt Michael The Philosophy of Xenophanes of Colophon. Diss. University of Texas at Austin 1970 (Micofilm).

Fabricius Johann Albert Bibliotheca Graeca ⁴II, Hamburg 1791, 613–21.

Fränkel Hermann Wege und Formen frühgriechischen Denkens. München ²1960, 335–349.

– Dichtung und Philosophie des frühen Griechentums. München ²1962, 371–384.

von Fritz Kurt RE v. Xenophanes 1. Sp. 1541–62.

Fülleborn Georg Gustav Xenophanes, Ein Versuch. In: Beyträge zur Geschichte der Philosophie; I. und II. Stück. Züllichau und Freystadt 1796, 59–83.

Gigon Olof Der Ursprung der griechischen Philosophie. Basel ²1968, 154–96.

Guthrie W.K.C. A History of Greek Philosophy I. Cambridge 1962, 360–402.

Heitsch Ernst Parmenides und die Anfänge der Erkenntniskritik und Logik. Donauwörth. 1979.

Herter Hans Das Symposion des Xenophanes. Wiener Stud. 69, 1956, 33–48.

Jaeger Werner Die Theologie der frühen griechischen Denker. Stuttgart 1953, 50–68.

Kühner R. – Gerth B. Grammatik der griechischen Sprache; Satzlehre I und II. Hannover ⁴1955.

Lloyd G.E.R. Magic Reason and Experience. Cambridge 1979.

Lumpe Adolf Die Philosophie des Xenophanes von Kolophon. Diss. München 1952.

Marcovich Miroslav Xenophanes on Drinking-Parties and Olympic Games. Illinois Classical Studies 3, 1978, 1–26.

Marinone Nino Lessico de Senofane. Rom 1967 (Hildesheim 1972).

Rivier André Remarques sur les fragments 34 et 35 de Xénophane. Revue de Philologie 30, 1956, 37–61.

Röd Wolfgang Die Philosophie der Antike 1: Von Thales bis Demokrit. München 1976, 75–82.

Rudberg Gunnar Xenophanes Satiriker und Polemiker. Symb. Osl. 26, 1948, 126–33.

Schwabl Hans Forschungsbericht. Anzeiger für die Altertumswissenschaft 10, 1957, 195–214.

Schwyzer Eduard (-Debrunner Albert) Griechische Grammatik I–III. München 1938 ff.

Snell Bruno Die Entdeckung des Geistes. Göttingen ⁴1975.

Steinmetz Peter Xenophanesstudien. Rhein. Mus. 109, 1966, 13–73.

West Martin L. Early Greek Philosophy and the Orient. Oxford 1971.
– Studies in Greek Elegy and Jambus. Berlin 1974.
Wiesner Jürgen Forschungsbericht. Anzeiger für die Altertumswissenschaft 25, 1972, 1–15.
von Wilamowitz Ulrich Kleine Schriften IV. Berlin 1962.
Zeller Eduard Die Philosophie der Griechen in ihrer geschichtlichen Entwicklung I 1. Leipzig [6]1919 (Darmstadt 1963), 640–78.
Ziegler Konrat Xenophanes, Ein Revolutionär des Geistes. Gymnasium 72, 1965, 289–302.